佐藤優の地政学リスク講座2016

日本でテロが起きる日

時事通信社

佐藤優の 地政学リスク講座2016

日 本 で テ ロ が 起 き る 日

まえがき

今年で私が職業作家になってからちょうど10年になる。先日、書庫で自著を整理した。職業作家になってから上梓した本が単著では、文庫化されたものを含め、100冊を超えていた。対談本や共著を含めれば200冊を軽く超えている。決して少なくない数と思う。しかし、私が書きたいことの2割も満たしていない。私は1960年生まれで今年55歳になったので、そろそろ人生の残り時間を考えながら仕事をしなくてはならない。言い換えると、これまで温めてきたテーマの大部分を捨てる（活字にすることを断念する）決断をしなくてはならないということだ。

それだから、私は、講演や勉強会講師の要請をほとんど断っている。一旦、執筆作業が中断されると、それを再開するのに多大なエネルギーがかかるからだ。原稿を書きかけたまま、都内の講演で、2～3時間、仕事を中断するだけで、再び執筆を再開するのに丸1日かかる場合もある。合理的に割り切ることができないのが作家の仕事の特徴だ。それにもかかわらず、私は内外情勢調査会の講演だけは、月1回のペースで行っている。この団体が全国各地の支部で行っている懇談会は、参加者が地元の政界、経済界のエリート層なので、そこでの講演、質疑応答を通じて得られた感触が、執筆活動の参考になるからだ。ここで一般にはあまり知られていない内外情勢調査会について説明したい。

「一般社団法人内外情勢調査会は、公正な世論の醸成を目的に、報道機関の株式会社時事通信社の関連団体として、１９５４年12月に設立されました。

全国各地の企業経営者や諸団体のトップらが会員として入会し、会員への講演活動や資料提供により、国内外の諸情勢について知識の向上と理解の増進を図っています。

講演会は、全国の会員を参加対象とする全国懇談会と、全国各地域の会員で構成する１５１カ所の支部での支部懇談会があり、それぞれ年間10回開催、講演会の年間開催回数は１５００回超に上ります。

講師には、有力政治家、経済団体首脳、海外主要国の駐日大使、国内各地の自治体首長のほか、政治、経済、国際、防衛、文化などさまざまな分野の著名な専門家を招いています。」（http://naijyo.or.jp/about/）

１９５０年代初頭に、東西冷戦の影響は日本にも及んでいた。特に朝鮮半島では、資本主義と共産主義のイデオロギー対立の要素を濃厚に持った朝鮮戦争（1950～53年）という「熱戦」になった。有識者、マスメディアの中では、共産主義的傾向、あるいは共産主義、マルクス主義に同調しなくてもソ連の平和攻勢に同調する動きが強かった。日本でも社会主義革命が起きるのではないかという危惧には現実的な根拠があった。そのような状況で、時事通信社は、資本主義体制を擁護し、自由と民主主義を基本的価値観とする西側の一員であるという立場を鮮明にしていた。マルクス主義的共産主義に対抗することができる知的基礎体力を日本各地で指導的立場にある行政関係者、経済人が強化する政策広報が内外情勢調査会設立の隠された目的だったと筆者は見ている。内外情勢調査会は、広い意味でのインテリジェンス機関なのである。

1991年12月のソ連崩壊で、東西冷戦が終わり、日本においても共産主義革命の脅威はなくなった。しかし、人間は本質において性悪な存在なので、現実の世界には新たな脅威が次々と生まれている。現在、急速に主要国の国家エゴが強まり、19世紀末から20世紀初頭の古典的な帝国主義を髣髴《ほうふつ》させるような事態が生じている。もっとも21世紀の帝国主義は、植民地を求めず、また核兵器を保有する大国間の全面戦争を避けようとするので、古典的帝国主義と区別して、新帝国主義と呼ぶ方が適切だ。帝国主義国は、まず、相手国の立場を考えずに自国の利益を最大限に主張する。相手国が怯《ひる》み、国際社会が沈黙していると、帝国主義国はそのまま権益を拡大する。相手国が必死になって抵抗し、国際社会も、「ちょっとやり過ぎだ」という反応を取る場合、帝国主義国は譲歩し、国際協調に転じる。それは帝国主義国が悔い改めたからではない。これ以上、横車を押すと相手国の抵抗や国際社会からの反発で、結果として自国が損をするという冷静な計算に基づいて、帝国主義国は一歩後退するのだ。そして、前進する機会を虎視眈々と狙うのである。このような帝国主義国の本質は、21世紀の新帝国主義国においても変化していない。

さらに、一見、プレモダン（近代以前）に見えるイスラム原理主義のイデオロギーを用いて、インターネットを駆使し、国境を超えたヒト・モノ・カネの自由な移動を可能にするグローバル化を最大限に活用した「アルカイダ」や「イスラム国」（ＩＳ）のような、新たな脅威も出現している。私は、地政学という補助線を引くことによって、新帝国主義とイスラム原理主義による脅威を総合的に捉えることができるのではないかと考えている。

21世紀になってから内外情勢調査会が行っている活動を見ると、新帝国主義やイスラム原理主義という新たな脅威についても正面から取り組んでいる。この団体のインテリジェンス機能は今後も強化されると私は見ている。

本書は、私が内外情勢調査会主催の懇談会で行った講演の記録に時事通信出版局が全面的に編集を加えたものだ。編集された原稿を私は著書を書き下ろすときと同じ熱意とエネルギーをかけて精査した。国際基準を満たす内容になったと自負している。

本書を上梓するに当たっては、時事通信出版局の坂本建一郎氏が労を執ってくださいました。さらに時事通信社常務取締役の大室真生氏とのモスクワ勤務時からの交遊がなければ、私が内外情勢調査会で仕事をすることもありませんでした。また、全国各地での懇談会のアレンジをしてくださる内外情勢調査会の竹井美智留氏なくしても本書は生まれませんでした。坂本さん、大室さん、竹井さん、どうもありがとうございます。

2015年10月9日、曙橋（東京都新宿区）の仕事場にて、

佐藤 優

目次

第1章

13
日本でテロが起きる日

第4章 むき出しの「新帝国主義」——ウクライナ情勢 97

第5章

世界をゆるがす「イスラム国」

――狙いは世界イスラム革命

第7章

覇権なき世界のゆくえ

199

装幀・本文デザイン／デックC.C.　梅井裕子

第1章

日本でテロが起きる日

日本でテロが起きる可能性

今、日本は平和な状況にありますが、皆さんを脅かすわけではありませんけれども、**日本でもテロが起きる可能性があります。**

過激派組織「イスラム国」❶がある日、インターネットを通じてこう指示します。「日本の同志諸君よ、決起せよ」と。そうすると日本の中でテロが起きる可能性がある。

爆弾が仕掛けられるようなテロは、日本の警察は優秀ですから防げます。怪しげな人間が集まって準備を進め、爆弾を作り、それをどこかに仕掛けて、事件後、生き残るための退路も準備している——。こういうテロ行為はすぐに摘発されます。

ところが、**問題は「グローバル・ジハード」です。**

これに基づいて行動を起こすテロリストは、爆弾を作るような過激派とは異なる、どちらかというと「引きこもり」のような人です。そこで、どういうテロをやるかというと、ポリバケツに10リットルぐらいガソリンを入れて、銀行やどこかの店頭でまく。それで火をつける。これで10

---

❶ **イスラム国**
イラクとシリアにまたがる地域で活動するイスラム教スンニ派の過激組織。国際テロ組織アルカイダ系の流れをくみ、2003年のイラク戦争後に台頭したイスラム過激派を源流とする。前身組織は「イラク・シリアのイスラム国」で、11年からシリア内戦に介入。アサド政権や、欧米が支援する反政府勢力と戦闘を繰り広げている。14年6月にカリフ（預言者ムハンマドの代理人）を頂点とする国家樹立を宣言した。

人や15人くらいは簡単に殺傷できます。もちろん本人も死にます。こういうタイプのテロを「イスラム国」は今後、あおってくると思います。

こうしたやり方を防御するのは難しい。

しかし、テロが仮に起きたとしても、テロリストの要求に動じない。それが第二、第三のテロを誘発しない唯一の方法で、事実、そういう方法をきちんと取っているイスラエルは自爆テロも封じ込めています。

もし新幹線内でテロが起きたら

こういう状況になっているところで、例えばガソリンを用いたテロが考えられます。この前、新幹線の中で放火事件❷がありましたけれども、あの放火事件について皆さん考えてみてください。もし犯人が1両目にガソリンをまいて、もう少し気化させる時間をおいたら。あるいはトンネルに入るところを狙って、1両目と2両目の間のところで火をつけていたらどうなっていたでしょうか。爆発した可能性もある。

状況によっては脱輪の可能性もあります。トンネルの中で脱輪して、対向の新幹線が来たらどうなりますか。仮に対向の新幹線が来なくても、

---

❷ **新幹線車内放火事件**
2015年6月30日、神奈川県内を走行中の東海道新幹線「のぞみ225号」(16両編成)で70代の男がガソリンをかぶって焼身自殺を図り、本人と、巻き添えとなった50代の女性計2人が死亡、26人が重軽傷を負った。

トンネル内での火災で消火はどうしますか？　火が燃えさかる中で、逃げられる場所はない。となったら、大変な犠牲者が出るわけですよね。冷徹に計算した上で、テロリストがこういう行動を起こしたら、おそらくそれを阻止するすべはない。

ということになると、**2016年の伊勢志摩サミットや、2020年の東京オリンピックに備えて「イスラム国」側が指示を出した場合、何でもあり得る**ということを覚悟しておかないといけないんです。

グローバル・ジハード論

最初から脅かすような話をしてしまいましたが、なぜこんなことになってしまったのでしょうか。

「グローバル・ジハード論」❸がカギになります。

アルカイダという組織があります。この組織の幹部はテロリストとして米国に皆殺しにされました。そうしたら、「ウイルス」が変種するように、第2世代のアルカイダが出てきます。この第2世代のアルカイダは「グローバル・ジハード論」を唱えます。

❸ **グローバル・ジハード論**
松本光弘『グローバル・ジハード』（講談社、2008年）が詳しい。ちなみに松本氏は警察庁公安課長、神奈川県警本部長等を歴任。

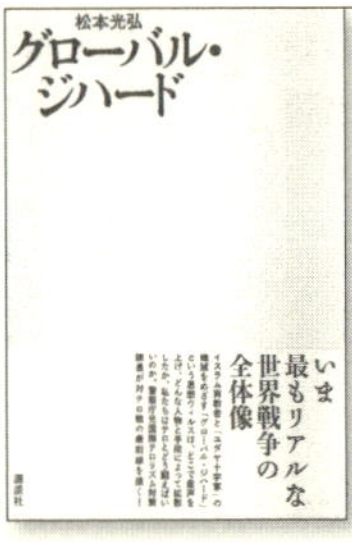

これが、日本と関係してきます。**アルカイダの考え方は、世界をたった一つのイスラム帝国にする**という目標を追求しています。

考え方に共鳴する人たちに対して、「グループを作るな、本当に信頼できる2、3人だけで事を起こせ」「横の連絡は、電話やメールでするな」「米国やヨーロッパの、特に象徴的な場所でテロをやれ」「マラソン大会で、圧力鍋で作った爆弾を爆発させろ」「カフェに籠城して、カフェにいる無辜《むこ》の人たちを殺せ」

こういうことをやれとインターネットサイトなどを通じて示唆します。

そして、そこで要求することはたった一つ。「米国やヨーロッパはイスラムの地から手を引け」、これだけを要求する。

そうすると世論は「もうこんな面倒くさいことになるんだったら、中東なんかに行く必要はない。イスラムには触らない方がいい」。こうなってきます。そこから隙が出てくれば拠点国家を造ることができる――。こういう考え方です。

これを「グローバル・ジハード論」と言います。

西側社会においては思想信条の自由に踏み込むことはできないから、

「過激な思想を持って、現行の政権をテロによって打倒しよう」ということが思想にとどまっている段階、言論活動にとどまっている段階だったら、それを取り締まることはできません。その裏をかいているのです。米国でのボストン・マラソンのテロ事件、オーストラリア・シドニーでの立てこもり事件、あれらの事件にはこういう背景がある。「グローバル・ジハード論」というイデオロギーの下でなされているんです。

日本でもそのイデオロギーを持っている人がいます。一人だけではなくて、何人も。こういう人たちが例えば、秋葉原で、「もういい。おれの人生になんか先はない。何でもいいから、ここにいる人をみんな巻き添えにしてやる」という絶望を抱えた人に、「こういうことをすれば天国に行けるぞ。これによって、今ある問題を一挙に解決できるぞ」とささやくとどうなりますか？

潜在的に社会にそういう人はいるわけじゃないですか。極端な思想を持って、極端な行動をする人は必ずいます。こういう回路が作られると、社会が不安定化します。

日本から「ジハード戦士」が出たかもしれない

　ちなみに、「グローバル・ジハード論」を支持している人は日本にもいます。テレビにも時々出てきて、「イスラム国」について発言をしている元大学教授とか、その先生のそばにいるジャーナリストは、「自分たちが行けば後藤健二さんや湯川遥菜さんたちを救い出せたかもしれない」などと言っていましたが、それだったらぜひやってほしい。できるわけがない。大ウソですよ。❹

　ですから、２０１４年11月に警察が今まで使ったことがなかった「私戦予備・陰謀」という罪状を使って家宅捜索したのは、私は正しかったと思う。警視庁公安部はよく頑張ったと思います。今まで一度も使われたことのない刑法を適用してまで摘発をした。❺

　「私戦予備・陰謀」というのは西郷隆盛を意識して作られた法律です。要するに「征韓論」対策で、勝手に韓国に戦争しに行くような不平士族が出てくると困るから、そういう文句がある人たちの「私戦予備・陰謀」は罰する。こういう条項ですから、その後、西郷隆盛みたいな人は出て

---

❹ **「イスラム国」による日本人人質殺害事件**
過激派組織「イスラム国」が湯川遥菜さん、フリージャーナリストの後藤健二さんを殺害した事件。２０１５年１月20日、「イスラム国」は身代金２億ドルを要求する映像をインターネットで公開した。湯川さんは14年８月にシリアで拘束され、後藤さんは同10月下旬にシリア入国後、拘束されたとみられる。イスラム国側は２月までに２人を殺害したとする動画を公開した。

❺ **私戦予備・陰謀の罪**
刑法93条は、外国に対して私的に戦闘行為をする目的で、準備したり、陰謀を企てたりした者について、３月以上５年以下の禁錮刑を規定している。「予備」は武器や資金の準備などを行った場合に適用される。

いないので、一度も使われてないわけです。

その拡大適用をするぐらいしかなかったということなんだけれども、もしあれで北海道大学の学生が「イスラム国」に渡ることになったら、後藤さん、湯川さんの横で声明を読み上げていたのは、英国のジハーディ・ジョンではなくて日本人だったかもしれない。そういうことも十分考えられるわけです。

世の中には常にいろんな社会問題があって、それを一挙に解決しないといけないと思っている人たちがいる。そういう人たちに「理論」を与えて火をつけることは簡単にできるわけです。これはすごく怖い。

マスコミの人たちがテロリズムをあおる人を使ったり、鬱屈《うっくつ》を抱えた人の、「世の中の問題を一挙に解決したいんだ」というような思いをイスラムに仮託するよう助長するのは、すごく危ない傾向です。こうしたことに対して、きちんとした批判をしなくてはいけないのです。

ただ、今の日本の法律では、心の中で何かを考えて――例えば「人を殺す」ということを考えて――、それを表現しても、表現の自由の範囲内だから、取り締まることができません。

国民が1億2700万人いれば、頭が良くて、なおかつ変わった人が

100人ぐらいいてもおかしくない。中には「自分探しの旅」で中東の紛争地帯に行く人が10人ぐらいいてもおかしくないんです。

怖いのは、頭が良くて、思想を組み立てることができる人間です。こういうタイプの人がいる限り、そこに続く人がいくらでも出てくる。

心の中に闇を抱えた妄信者のテロ

ただし、「イスラム国」から見れば、日本で「イスラム国」を支持している人たちは中途半端な支持者です。「イスラム国」は本気です。戦争をしているわけですから。「決起しろ」。テロを起こせ。テロを起こさないような、中途半端な支持は要らない」ということです。

そうすると、**どこかのタイミングで「イスラム国」は「日本でもテロをやれ」という指示をインターネットを通じて出してくるでしょう。**

その時に、目立つ人たちは警察がマークしています。そうではなくて、誰も気づいていないところで、自分の心の中に闇を抱えていて、「誰か人を殺したいと思った。『イスラム国』なら、仮に人を殺しても、〝大義〟のためにやるんだから天国に行ける」、そういったことを信じて行うテロは、事実上、防ぎようがない。これは非常に深刻な事態なんです。

その辺りの全体の流れ、あるいは中東情勢に関していろんなコメンテーターがテレビや新聞でコメントしていますが、どうも分かりにくくありませんか。

その理由は何か――。

実は、**コメントしている人が分かっていないからです**（笑）。自分が分からないことについては、周りに対して分かりやすい説明は絶対にできない。

私が比較的安心して、「この人のコメントなら信用できる」と思ってテレビを見たり、新聞や雑誌で読んだりしているのは、ジャーナリストの池上彰さん。あるいは専門家であれば、東大名誉教授の山内昌之先生（現明治大学特任教授）、外交官出身なら宮家邦彦さん（キヤノングローバル戦略研究所研究主幹）などです。

これらの方々のコメントは、ブレがなく、なおかつ中東情勢と国際政治の両方の現実を知っているので、注目してよいと思います。

「オレが間に入れば助けることができた」なんて言っている人は「イスラム国」のプロパガンダに協力していると見た方がよいです。

---

❻**シャルリー・エブド紙襲撃事件**
フランスの風刺週刊紙シャルリー・エブドのパリの本社に2015年1月7日午前11時半（日本時間午後7時半）ごろ、覆面をかぶった複数の武装犯が押し入り、職員らを銃撃した。警官2人と編集長、風刺漫画担当記者ら計12人が死亡、約20人が負傷した。犯人はその後、パリ北東40キロにある印刷会社や食料品店に立てこもり、特殊部隊に殺害された。シャルリー・エブドは、1970年創刊のフランスの週刊紙。際どい風刺が売り物で、公称3万部。81年に一度休刊し、92年に復刊した。デンマーク紙が掲載したイスラム教の預言者ムハンマドの風刺画を2006年に転載したのを皮切り

なぜ「シャルリー・エブド」紙が狙われたのか

では順番に見ていきましょう。いつから現在のような不穏なことになったのか。

それははっきりと言えます。２０１５年1月7日からです。

フランスのパリで連続テロ事件が起きました。「シャルリー・エブド」❻という風刺週刊紙の編集部が攻撃されて、警察官も殺されて、ユダヤ人用の食料品店が襲撃される事件があった。あれが非常に重要です。

なぜか。

「イスラム国」が本格的に「世界イスラム革命」を始めたということなんです。

日本では間違った理解があります。「シャルリー・エブド」紙が、イスラム教の預言者ムハンマドをバカにするようなマンガを載せたから攻撃された――これは関係ないです。テロリストは、そういうマンガを載せるなといった要求をしていません。

1月7日に、彼らがテロを行ったのは「イスラム国」あるいは「イエ❼

に、ムハンマドをめぐる問題で絶えず脅迫を受け、警察に警備されていた。7日の事件で殺害された警官2人も警備中だった。12年から編集長を務めていた風刺画家のシャブ氏（47）も7日の銃撃で死亡した。

◎パリで、警官に銃を向ける仏連続テロ事件の容疑者（住民提供）（写真／AFP＝時事）

メンのアルカイダ」の指示に基づくものです。

9日、ユダヤ系の食料品店に立てこもって4人の人質を殺害したアメディ・クリバリという容疑者は、立てこもっている最中にインタビューに答えています。そこで、「フランスが今戦っている『イスラム国』や、イスラムと戦っている場所から手を引くこと」、これを要求しているわけです。これは政治的な要求です。

フランス軍の撤退という政治目標を訴えることが彼らの目的です。そのために二つの具体的な行動をすると組織で決めたわけです。

一つは警官を殺す。警官は国家を象徴的に代表しているからです。

もう一つはマスメディアを攻撃する。

テロリストとしては、マスコミを標的にするのであれば、フランスの代表的通信社であるAFP通信や、同じくフランスの代表的な新聞である「ル・モンド」紙を攻撃してもよかったんです。

ところが、「ル・モンド」やAFP通信は警備が厳重で簡単には襲撃できない。そうかといって、無名なエロ雑誌の編集部を攻撃しても、全然ニュース性がない。

比較的有名でインパクトがあり、なおかつ警備がゆるいところ、こう

---

❼ イエメンのアルカイダ

イエメンを拠点とするテロ組織「アラビア半島のアルカイダ（AQAP）」は、世界各地のアルカイダ系組織の中で最も活発に国際的なテロ活動を展開。フランスで2015年1月に起きたシャルリー・エブド紙襲撃事件で犯行声明を出したほか、09年に米上空で起きた旅客機爆破テロ未遂事件などに関与したとされる。

いう合理的な計算に基づいて「シャルリー・エブド」紙を狙ったわけです。

殉教を望むテロリスト

今回のテロリストたちは殉教を期待していました。テロを望む人たちには殉教すれば天国に必ず行ける、こういう教育をするんですね。

イスラエルのヘルツェリヤに「カウンター・テロリズム・センター（反テロセンター）」があります。そこは詳細に情報を集めていまして、どうやってテロリストをつくるのかという、「テロリスト養成プログラム」をよく調べています。

その所長と、２０１４年5月に会って詳しく聞いた話では「自爆テロリストのつくり方」があって、それによると、テロリスト本人を洗脳するとともに、組織が家族に年金を出すということでした。

その結果、テロをやることに対してすごくメリットが出てくる、こういう構成になっているわけです。

ただし、今回は、自爆テロではないんです。それならばフランスの警察の力をもってすれば生け捕りにできる。生け捕りにすれば、背後関係、計画などについて尋問で聞き出すことができる。今の尋問技術は非常に進んでいますから、知っていることに関しては全部吐かせることができます。

死刑廃止論者の落とし穴

なぜそれをしなかったのでしょうか。

今回、突入した特殊部隊に射殺されたクリバリという容疑者はこれまでに何回か捕まって服役しているんです。最初はそんなに過激なイスラム主義者ではなかった。ところが、刑務所の中で同じ収容者の中にいた「メンター」(指導者)と出会って、イスラム革命に対する確信を深めていくわけです。

犯人を生け捕りにすると、民主主義国ですから裁判にかけなくてはいけないですよね。そうなると、公判闘争を使って自分たちの正当性を訴え、「後に続け」というかたちで、ほかのイスラムの過激派をあおり、さらなるテロを誘発する可能性がある。

仮にそうであれば、公判闘争を通じた宣伝の機会を与えないことが重要になります。

死刑廃止論を主張する人たちの一つの落とし穴は、これは国民感情からしても実体からしても、死刑にしないとまずいというような事案が出た場合に、生け捕りにできる状況にもかかわらず、警察や軍が殺してしまうことがあることです。

これは、ある意味で法的な手続きを取らない処刑です。

現場で見ているのは警察官か特殊部隊しかいないんですから、「向こうが攻撃してきた」と言えば、それで全てです。

テロリストの側に立って、「殺さなくとも生け捕りすることができたんじゃないか」と主張するような人はいません。

排外主義を含む抗議デモ

さて、「シャルリー・エブド」紙事件後、1月11日、フランス各地でテロに抗議するデモ（大行進）が行われまして、全体での参加者が370万人に上ったということです。これは1944年のナチスからのパリ解放、それに次ぐ規模だと言います。

ここに**イスラエルのネタニヤフ首相が参加しています。これが私は非常に重要だと思うんです**。これに関しても、日本のメディアの報道を見ていると、いま一つ焦点が定まっていませんでした。それはどうしてかというと、今回のデモを「反イスラム」という観点からしか見ていないからです。

英語でアンチセミティズム（antisemitism）という言葉があります。辞書を引くと「反ユダヤ主義」と出ていますが、直訳すると「反セム主義」です。すなわち、インド・ヨーロッパ語族であるヨーロッパの人たちと違う、セム系言語を話す人たちに反対するという考え方です。セム族には、ユダヤ人だけではなくて、アラブ人も入ります。

今、ヨーロッパは長期的な経済停滞の中にあります。その状況で移民問題が深刻になってきた。その中で、「われわれが職を奪われているのに、移民たちがわれわれとは異なる文化、イスラムの文化を放棄しないのはけしからん」という声が大衆の中に強まっている。

デモに370万人も集まってくるというのは、テロに抗議するという流れとともに、「移民たちよ、いい加減にしろ。出ていけ」という、こ

◎パリで大行進に参加する各国首脳ら。前列左から、イダルゴ・パリ市長、欧州委員会のユンケル委員長、イスラエルのネタニヤフ首相、マリのケイタ大統領、フランスのオランド大統領、ドイツのメルケル首相、欧州連合（EU）のトゥスク大統領、パレスチナのアッバス大統領、ヨルダンのラ

ういう排外主義の要素があるんですね。

それと同時に、「ヨーロッパの経済的な成果を、一部の金持ちのユダヤ人たちが吸い取っている」という意識もあります。ユダヤ人にも金持ちもいれば貧乏人もいるという、ごく当たり前のことが分からないヨーロッパ人が結構いるんです。それが「ユダヤ陰謀論」の起源などになるわけです。

イスラエルというのは通常の国家ではないのです。全世界のユダヤ人を保護、支援するということがイスラエルの国是です。

ですから、「皆さん、どうぞ帰還してください。私たちの家はオープンです」ということをネタニヤフ首相は言います。これがネタニヤフ首相がヨーロッパに行った意味です。

そしてイスラエルの移民庁長官が、今年フランスから1万人のユダヤ系がイスラエルに移住してくるという見通しを述べています。ヨーロッパにおいてアンチセミティズム、反アラブだけではなく反ユダヤ主義も今、強まりつつあるという、この問題に目を向けなくてはいけないんです。

ニア王妃、ヨルダンのアブドラ国王（フランス・パリ）（写真／AFP＝時事）

MI5長官の「メッセージ」

アンドリュー・パーカーという人がいます。裏の世界の人です。英国秘密情報部（MI5）の長官です。

MI5というのは、米国で言うとFBIに当たる機関で、国内の治安、テロ対策をやっているところです。

それに対してMI6という組織もあるのですが、これは米CIAに当たる機関で、対外情報とか外国での活動をしている機関です。MI5、MI6というのは両方とも真実の名称ではありません。「軍事情報部5課」「軍事情報部6課」というものは存在しない。

MI5は内務省の傘下にある保安局（SS）です。MI6の方は外務省の枠の中にある秘密情報局（SIS）です。

さて、SSの長官が「**シリアのアルカイダ系グループが西側に対する無差別的攻撃を計画している**」、こういうことを言っているんです。[8]

この**「無差別的攻撃」の標的の一つが日本である**わけです。

パーカー長官が世界のインテリジェンスの専門家に対して、「フラン

---

[8] 2015年1月9日、11時31分配信。ロイター日本語サイト。

スで起きている出来事を勘違いするな。あれはフランスの新聞が何か書いたり、載せたりしたから、やられたということじゃない。『イスラム国』が〝戦争〟を始めたということなんだ」と、世界の専門家向けに「メッセージ」を出したということなんです。

日本そのものが標的

「イスラム国」による日本人人質事件をめぐって、一部の論調として「安倍晋三首相が『積極的平和主義』[9]を掲げて、中東を歴訪したから、後藤健二さんたちが殺された」というものがありました。これはきっかけではあったかもしれませんが、原因ではありません。

仮に安倍首相が今回、中東に行かなかったとしても、また、今回のタイミングではないとしても、2015年の前半ぐらいには、後藤さん、湯川さんたちを巻き込んだかどうかは分かりませんが、日本に対する何らかの脅迫を「イスラム国」はしてきたはずです。

仮に民主党政権が続いていたとしても、そこで、鳩山由紀夫さんや菅直人さんが首相であったとしても、日本はテロの対象になります。

---

[9] **積極的平和主義**

日本は世界の平和と安定にこれまで以上に貢献すべきだという理念。政府の国家安全保障戦略を検討する2013年9月の有識者会議で安倍晋三首相が打ち出した。首相は「日本が背負うべき21世紀の看板」と位置付け、国連総会などの国際会議で積極的に取り上げている。戦争放棄と戦力不保持をうたった憲法9条より、憲法前文の国際協調主義に力点を置いているのが特徴。

また、「中東との関係で日本は中立」だという意見も間違いです。日本は中立ではなくて、西側の一員として、米国の陣営の中に確実に加わっています。

原因は日本のあり方そのものです。それも米国との軍事同盟国ということだけではなくて、日本が国際法を守り、国連に加盟していて、経済大国であって、自由と民主主義という価値観を西側諸国と共有する、そのこと自体が問題とされているんです。

身代金をめぐる「問題の立て方」の間違い

「イスラム国」が人質となっている後藤さんたちの身代金をインターネット動画サイトを通じて日本政府に要求したことが分かってから、私のところに何本も電話がかかってきました。

「佐藤さん、(「イスラム国」における日本人人質事件の) 身代金は払うべきだと思いますか、払わないでいいと思いますか」

私はその質問に対して、「それは、質問自体が間違っている」と答えました。

禅の公案で「ウサギの角《つの》の先は尖《とが》っているか、それとも丸いか」というものがあります。でも、そもそもウサギには角がないんです。**つまり、議論すること自体が間違いという問題がある**ということです。

身代金を要求する動画について、2015年1月20日午後2時半（日本時間）に日本政府は気づいた。それぐらいの時間にアップされたのでしょう。まず、そこでテロリストの要求をきちんと確認しなくてはいけないんですね。

では、テロリストは何を要求しているか。

「安倍首相が今回、中東歴訪[10]してエジプトで、『イスラム国』対策の難民支援として2億ドルの拠出を表明したことがけしからん」と、こういう話です。ところが、けしからんとは言っているけれども、「拠出をやめろ」という要求はあの中でしていないんです。

「2億ドルの拠出決定はけしからん、撤回しろ」ということだったら、合理的な要求です。こちら側の論理とかみ合う要求です。しかし、そこについては何も言っていない。

そうではなく、「2億ドル出したのだから、人質1人につき1億ドルを出せ。72時間以内だ。日本国民もプレッシャーをかけろ」、それで終

---

[10] **安倍首相の中東歴訪**
2015年1月16日から21日まで、エジプト、ヨルダン、イスラエル、パレスチナを訪問した。17日にカイロで「イスラム国」対策としてイラクやレバノンなどに2億ドル(約240億円)の支援を表明。

わっているわけですよ。

つまり、ポイントは、「身代金を本当に要求しているのかどうか」です。交渉というのは、双方に交渉する意思がないとそもそもできません。

2億ドル受け渡しの実現可能性

それではまず考えてみましょう。2億ドルは、日本円でどれぐらいですか。

220億円ぐらいです。高島屋とか三越の紙袋一つ、あれにいっぱい詰めて、1万円札でどれぐらい入るでしょうか？　新札ではなくて使用済みの1万円札。

5000万円くらい入ります。それが10袋で5億円、100袋で50億円、1000袋で500億円。だいたい、500袋必要です。それだけの1000ドル札を、72時間以内に集められますか？

私は⑪キルギスの人質事件の時に外務省のオペレーションを見ていました。あの時も、ある外務官僚が極秘裏に頭陀袋《ずだぶくろ》にカネを入れて運んでいました。ドルを手に入れるのは大変でした。300万ドルぐらいの話で

---

⑪ **キルギスの人質事件**
1999年8月、キルギスで国際協力事業団（JICA）派遣の邦人鉱山技師ら4人が「ウズベキスタン・イスラム運動」（IMU）に誘拐された事件。10月に全員解放された。

したけどね。

2億ドルとなると、振り込みも出来ませんよ。銀行送金は使えません。あるいは金塊で運びますか？　金1グラム5000円だと、10グラムで5万円、100グラムで50万円、1キロで500万円、10キロで5000万円、100キロで5億円、1トンで50億円。200億だと4トンです。どうやってそれを運びますか？

少し合理的に考えてみれば、「72時間以内に身代金の2億ドルを払う」ことは、そもそも物理的に不可能だと分かります。

連中の目的は「ショー」

ということは、連中の要求は身代金ではない。連中は「ショー」をやっているわけです。

どうして人質に橙色《だいだい》の服を着せているのでしょうか。首を切られた人間は全員、橙色の服を着ていますよね。

これは、第2次イラク戦争で米国がアブグレイブ刑務所⑫やケイマン刑務所にアルカイダ系とされる人間を拘束した際に着せた囚人服です。

---

⑫ アブグレイブ刑務所

イラクの首都バグダッドの西約30キロにある収容施設。フセイン政権崩壊後は米軍管理下に置かれ、拘束したイラク人らを収容している。米兵によるイラク人虐待が行われ、運営・管理のずさんさが指摘された。建設は1960年代で、広さ約110ヘクタール。高さ5メートル以上のコンクリート塀に囲まれている。フセイン政権時代は政治犯らが収容され、その多数が拷問を受け、処刑されたと言われる。

その囚人服と同じものを着せて、イスラム教徒に対してやったことと同じことをやり返すということを、ショーとして示しているわけです。

そして、すぐに処刑するのではなくて、イスラム世界の方に、「われわれは時間の猶予を与えたけれども、日本政府は見捨てた。われわれは、命をいきなり奪うことはしない、命を救う条件も出した」という状況を見せつける。

それが彼らのシナリオです。

ですから日本政府は「人命を第一に、あらゆる方法を尽くす」と言っていましたが、それは当然その通りなので、1回言えばいい。毎回それを言っていると、むしろ不誠実に聞こえるので注意しなくてはいけない。

それから、「イスラム国」と関係する人たちのルートを通じて何かできるとか、いい加減なことを言う「評論家」がいますが、机上の空論です。不可能です。

逆です。**身代金の交渉で、表に話が出てきた時は、これはもうだめな**んです。

身代金を取るなら交渉は裏でやる。

しかも、裏でその交渉を始める際は、カネを安全に受け渡せるルートがあってはじめてやれるわけです。

「今から身代金を払う」と、仮に日本政府の代理人からオファーがあったとします。「イスラム国」の側に立って考えてみましょう。日本と米国は軍事同盟国ですから、それに乗ったら、交渉場所で捕まって全て吐かせられて、「イスラム国」が攻撃される可能性が十分にあると考えます。そんなリスクを冒すはずはないんです。

72時間というタイムリミットも、身代金という条件も、これは連中が自分たちで一方的に設定したものです。

全てはテロリスト自身の目的を達成するところから出ている、ここを見ないといけないのです。

本格的な「戦争」が始まった

では、この問題についてどう見ればよいか。

一言で言うと、既存の国際法を遵守して、国家主権、基本的な人権、市場経済といった価値観を維持している全ての国家体制に対して「イスラム国」が宣戦布告をし、**本格的な「戦争」が始まった**と見るべきです。

日本は軍事的な支援を直接しておらず、後方支援しかしていません。難民を助けるのは人道的なことである、こういう主張があります。

中東でも「確かに、日本は今まで直接植民地支配をしたことはない、日本軍が直接攻めてきたこともない。だから日本は他の国とは違う」、こういう意見も一部には出ています。

しかしあの人たちの主張は、「われわれ『イスラム国』が目指しているのは世界イスラム革命だ。神様アッラーは一つ。それに対応してこの世で機能する法律、シャリーア（イスラム法）は一つ。そして国家はカリフ帝国一つ。カリフという一人の皇帝によって支配されるべきだ。これを実現する戦いにおいては、われわれの戦いへの味方と敵のどちらかしかない。その中間はない」というものです。

このことを可視化させたのが、1月7日の「シャルリー・エブド」紙事件から始まり、日本人人質事件にも通じる、彼ら「イスラム国」の戦略だと思います。

ですから、日本人人質事件においても、人命重視か、それともテロリストとは交渉はしないという原則論で対応するべきか、あるいは米国との連携の重視かという位相で見ていると問題の本質を見損なうわけで、これはむしろ〝戦争〟であり、「世界革命」という目的の中で、日本も打倒され得る敵になっている、そこから逃れるすべはないことが可視化されたと見た方がいい。

打倒される対象は、米国やフランス、ヨーロッパだけではなく、ロシアや日本も含まれており、中国も、イランも、北朝鮮も対象です。既存の全ての国家制度を破壊することが「イスラム世界革命」の目的です。

こういう新しい世界革命の思想とどう対峙《たいじ》していくかとなると、オバマ米大統領の2015年1月20日一般教書演説[13]で示されていたような思想戦が重要になってくる。

まず、こういう問題に対して、「イスラム国」の内在的な論理を見極めた上で、われわれはどう対抗していくか。

意外とこれからは哲学や思想史、宗教学などを大学で専攻した人が分析すると、面白い活動ができるかもしれません。

---

[13] **一般教書演説**
オバマ米大統領は2015年1月20日夜（日本時間21日午前）、上下両院合同会議で15年の施政方針を示す一般教書演説を行った。「イスラム国」との戦いについて、アラブ諸国を含む有志連合を率いて「最終的に打ち負かす」との決意を表明。軍事一辺倒ではなく外交を併せた包括戦略を主導する考えを強調した。

第2章

安倍外交と集団的自衛権

――7・1閣議決定の意味

日本の孤立主義が強まっている

国際情勢を知るために、一昔前までは、新聞を読んでいればだいたいのことが分かりました。

ところが今、新聞だけを読んでいてもよく分からないことがいろいろあります。

「イスラム国」の問題にしても、最近は2015年1月の日本人人質事件の頃よりはあまり話を聞かなくなっているけれど、どうなっているんだろう。あるいは、日本とロシアの関係は今後どうなるんだろう、この先、良くなるのか悪くなるのか、新聞だけを読んでいてもよく分からない。

要するに、**今までとは違った枠組みへの変化が起きている**ということです。

理由の一つは、国際情勢を読み解くために必要な、文化・歴史・宗教など「目に見えない膜」がニュースの裏側にあることです。

もう一つの理由は、今、権力が首相官邸に集中し過ぎていることです。

日本国内で首相官邸は相対的にものすごく強いのです。向かうところ敵無しといった感じです。

しかし、官邸[1]にいる数人の幹部だけで日本の国政全体を見ることはできませんから、絶対的な力は弱っています。

日本政府が一つの意思で動くのは、ある一時期、特定のテーマについてだけで、それ以外の時は、「外務省の日本政府」「文部科学省の日本政府」「環境省の日本政府」というように複数形になり、日本政府全体としてどこを見ているのか分からない、こういう感じになってしまうんです。

オーナー企業で、今ひとつ調子が良くなくなってきた時に、会長なり社長なりが周辺の人たちの側近集団を作り、危機を乗り切ろうとすると、短期は大丈夫ですけれど、中期になるとだいたい調子が悪くなってきます。それと似ているかもしれない。

今、国際社会はものすごい激動期に入っています。自由国民社から出ている『現代用語の基礎知識』という年度版の書籍があるのですが、その「日本外交編」は私が執筆しています。百科事典的な感じで書きますから、間違ったことは書けません。

---

[1] **首相官邸の主要メンバー**
菅義偉・内閣官房長官を筆頭に、加藤勝信、世耕弘成、杉田和博の各内閣官房副長官、礒崎陽輔および衛藤晟一・内閣総理大臣補佐官、今井尚哉・内閣総理大臣秘書官らが官邸を支えてきた（第２次および第３次安倍内閣）。

それで、総括で日本外交全体をどう見るかというところで、結論からすると、**2015年は日本の孤立主義が強まっている**という結論にしました。

第2次安倍政権になってから、安倍首相は50カ国以上もの外国訪問[2]をしているのに、孤立主義と言うのはどうしてかというと、安倍さんは易しい問題から、つまり問題の配点として考えた時に、とりあえず点数が取れるところから取り組んでいるからです。**安倍さんが歩いてきているのは、3問正解して1点の成績のところばかりです**。

中国や韓国、米国、ロシア、こうした重要な国は配点が非常に高いです。ここに北朝鮮を足すと大体85点ぐらいで、大きな配点はそこにあります。

今のところ、これらについては、米国を除いては、ほとんど触っていないか、触ろうとしていないか、失敗しているかです。

そのように苦手なものには触らないという形になって、結果としては孤立主義になっています。

---

[2] **地球儀を俯瞰する外交**
「外交は、（中略）地球儀を俯瞰するように世界全体を俯瞰して、自由、民主主義、基本的人権、法の支配といった、基本的価値に立脚し、戦略的な外交を展開していくのが基本」（2013年1月の安倍首相所信表明演説）とする考え方。第1次安倍内閣で提唱された「自由と繁栄の弧」構想を引き継いでいる側面もある。

安倍外交の評価のしにくさ

安倍政権の外交政策はなかなか評価しにくい。

どうしてかというと、評価するためには、まず目標があり、その目標がどの程度達成されたかで評価するんですが、安倍政権は、何が目標か分からないんです。

それで結果が出ると、「成功」したか「大成功」したか――。

そのどちらかです。

まあ、それはそうでしょう。計画する主体が官僚で、遂行するのも官僚で、評価するのも官僚ですから、そこからは「成功」か「大成功」しか出てこない（笑）。

ちなみに、日本の歴代政権の中で一番米国にコミットした政権は、実は民主党の菅直人政権❸です。
❹ウサマ・ビンラディンを米国は暗殺しました。あの時、公式に支持したG8の首脳は、菅直人さんだけです。
当時、外務省に首相官邸が言ったんです。「なんとか正当化する理屈

---

❸ **菅直人政権**
2010年6月に成立した民主党と国民新党による連立内閣。同年9月に第1次改造内閣、11年1月に第2次改造内閣が発足した。

❹ **ウサマ・ビンラディン殺害**
2011年5月2日未明、パキスタン北部アボタバードの民家に潜伏していた国際テロ組織アルカイダの首領ビンラディン容疑者を米軍特殊部隊が急襲し、殺害した事件。パキスタン政府は反発。

を考えろ」と。そうしたら外務省の国際法局が直ちに「正当化できません。国際法違反です。主権侵害です」と答えた。しかし、菅さんが「政治判断でやる」となった。あれでオバマ米大統領の菅さんに対する信頼は絶大なものになったわけです。

鳩山さんに関して米国はいろいろ批判するけど、菅さんの悪口は一言も言わないでしょう。

実はTPP❺も、消費増税も、沖縄・名護市辺野古のV字型滑走路❻も、全部菅政権の時に決まったことで、そのアジェンダ（工程表）を安倍政権は着々と履行しているにすぎないわけです。

だから、民主党政権と自民党政権は、客観的に見れば連続性が非常に高いんですね。

裏返してみると、外交政策や経済政策について日本で取れる枠は意外と選択の幅が狭いということです。当事者は「一緒にしないでくれ」と言うと思いますが。

---

❺ **TPP**
環太平洋連携協定（TPP）とは米国、日本、オーストラリア、シンガポール、チリなど12カ国が締結を目指して交渉している広域の自由貿易協定（FTA）のこと。農産品、工業品の関税の削減・撤廃や、投資や知的財産権など幅広い分野で域内共通ルールを作り貿易や企業活動の活発化を狙う。２０１０年に交渉が始まり、日本は13年7月に交渉に参加。15年10月に大筋合意した。

❻ **沖縄・名護市辺野古V字型滑走路**
米軍普天間飛行場を沖縄県宜野湾市の住宅密集地から移すため、日米両政府が同県名護市辺野古のキャンプ・シュワブ沿岸部で進める代替施設の建設計画。約１６０ヘクタールを埋め立て、滑走路2本をV字型に配置。２００６年に合意された。

集団的自衛権「閣議決定」、真の意味

安倍政権が力を入れているものに集団的自衛権❼があります。

集団的自衛権とは、米国側から説明すると、日本が攻撃されるのは米国に対する攻撃と同じようなものだから、日本を守ろうというものです。

逆に、もし米国が攻撃されたら、これは日本がやられたことと同じで、米国と共に戦うのが集団的自衛権の大原則❽ですが、これまでは、そうなっていませんでした。

それが、**２０１４年７月１日の閣議決定で、集団的自衛権の行使ができるということになりました**。

ただ、あの閣議決定でできるとされたことは実は限定されています。今、高校の数学Ⅰで集合図（ベン図）を習います。丸と丸が重なって、重なったところ（重複集合）がある。あの考え方がポイントです。個別的自衛権と集団的自衛権が重なる部分があるのです。

閣議決定は公明党ベースで作られているもので、非常によくできています。丸い円の重なる部分が、国内法から見ると個別的自衛権であるけ

---

❼ **集団的自衛権**
自国と密接な関係にある他国が武力攻撃を受けた場合、自国が攻撃を受けたとみなして実力で阻止する権利。自国を防衛する個別的自衛権とともに、国連憲章で認められている。政府は戦争放棄をうたった憲法９条に基づき、集団的自衛権について「保有はしているが行使できない」との解釈を取ってきたが、安倍内閣は２０１４年７月、武力行使の新３要件を満たせば、限定的に行使は可能とする解釈変更を閣議決定した。

❽ **片務性と双務性**
日米安保条約の片務性とは、米国に日本防衛の義務があるのに対し、日本には米国防衛の義務がない日米安全保障条約の特性。１９５１年のサンフランシスコ講和条約と同時に締結された旧安保条約は、日本の安全を確保するため、米軍に

れども、国際法から見ると集団的自衛権だと言える場合もある。それだけのことなのです。❾

ですから、**実は、今までと違うことは何もない**のです。しかし、その考え方をどれだけの人が分かっているか。

例えば、日本船のすぐ横に米国船がいて、共同行為をしている時に、米国船が攻撃された場合は、個別的自衛権の延長でも解釈できますし、集団的自衛権としても解釈できる。今まで個別的自衛権で説明してきたものを、集団的自衛権でも説明できるというだけです。

7月1日の山口那津男・公明党代表の記者会見、これが鍵になります。「これまでの政府の憲法解釈の基本的論理は維持されたことから、憲法9条に関し、この基本的論理を変える解釈変更はできないと、その限界を示した」（公明新聞7月2日付）と述べました。

だけど、個別的自衛権か集団的自衛権かと紛糾していましたが、例えば「イスラム国」を考えると、あれはテロリストの組織集団であって、国家ではない。こういう国家ではないところの攻撃に対して一体どう対処すればよいのか。

今までの既存の国際関係が想定してきた国民国家を前提としているか

---

❾

対して日本への駐留・基地設置の権利を与えていたが、米国による日本の防衛義務が明確ではなかった。岸政権下の60年に改定された条約には「日本国の施政の下にある領域」で「自国の憲法上の規定および手続きに従って共通の危険に対処するように行動する」と明記され、米国の日本防衛義務が規定された。しかし、日本側には集団的自衛権行使を禁じた憲法解釈の制約があり、米国を防衛する（双務性）ことはできない状態が続いてきた。

ら、それと違う部分の脅威が増えていくのではないか。だから、そこを何とかしたいというのが外務省の狙いだったんですね。

それから、言葉が似ているので勘違いしがちですが、**国連憲章で定められた集団安全保障は、集団的自衛権とは違います**。

国連加盟国は互いに戦争に関連してはいけないと国連憲章に書いてあります。その代わり、国連の秩序を破るもの、平和を侵すものがあれば、国連軍、あるいは国連が幾つかの国によって、おかしいことをしている国を封じ込める――例えば、湾岸戦争のような武力行使は集団安全保障であって、憲法の規定よりも上だというのが国際法の考え方です。

集団的自衛権の自公協議については、公明党の山口那津男さんが舞台裏を明かしています[10]。雑誌対談の中で公明党の山口代表は安保法制懇[11]に関する結果を説明して、それに対する公明党からの厳しい反応を示したら、安倍さんが集団的自衛権についてはあきらめましたとはっきり言っています。

---

[10] 『第三文明』２０１４年９月号で評論家の森田実氏と山口那津男・公明党代表が対談をしている。

[11] **安保法制懇（安全保障の法的基盤の再構築に関する懇談会）** ２００７年４月、第１次安倍内閣が集団的自衛権の行使容認に向けて設置した安倍首相の私的諮問機関。第１次政権では、公海上での米艦防護など４類型を議論。08年６月、集団的自衛権の行使を可能にするため憲法解釈変更を求める報告書を取りまとめたが、その後、首相は退陣。第２次安倍内閣の安保法制懇が13年２月に再始動し、14年５月、集団的自衛権の行使を認める報告書を打ち出した。

公明党が「集団的自衛権」に抵抗する理由

ちなみに、今回の集団的自衛権に関する問題に、なぜこれだけ公明党が抵抗したのか。

やっぱり本音は創価学会です。強いて言うなら創価学会インタナショナル（SGI）です。韓国の創価学会関係者は150万人いる。台湾の創価学会員もかなりいて、十数万人ぐらい。この人たちは「独島、釣魚島はわれわれの領土。しかし、SGIも大切」と言うでしょう。それに対して、日本の創価学会は「尖閣諸島および竹島は当然日本に属する」と言わざるを得ない。

SGIに関してはナショナリズムをあおると創価学会ネットワークが壊れてしまう。ですから、自分たちのネットワークをきちんと守る。それで創価学会を世界宗教にしていくという考え方があります。

ただ、**安保法制に関しては、実は、私はもう細かくフォローするのをやめてしまったんです。意味がない**と思ったからです。自民党のある人ははっきりと言いました。「細かいところは誰も分からない」と。当事

---

⑫ **2+2（ツープラスツー）**
2カ国の外務・防衛担当閣僚が安全保障政策や防衛協力などについて話し合う枠組み。日本は日米安全保障条約が改定された1960年、連携緊密化を目的に、米国との間で設置した。

⑬ **日米ガイドライン**
日米安全保障条約に基づく自衛隊と米軍の協力の在り方を定めた指針。東西冷戦中の1978年、旧ソ連による日本侵略に備えて初めて策定した。ソ連崩壊後の97年、朝鮮半島有事に備えて改定。これを受けて日本は米軍への後方支援を定めた周辺事態法を99年に制定した。

者が言っているのだから、それは確かです。

地球の裏側まで派遣できるロジック

しかし、少し変なことも起きています。これは外務省がやっているのかどうか。日米の外交防衛当局間の2+2[12]（ツープラスツー）協議というものがあります。

これは、本来は集団的自衛権の話と関係ないんです。周辺事態法というものがあって、これを修正するから、1997年に合意された防衛協力の指針[13]（日米ガイドライン）を見直すというものです。

日米安保条約は前文と第4条に「極東」という縛りがあります。[14]これは地域的な範囲ではないと言われてきたんですけれども、今度の2+2協定で「アジア太平洋地域及びこれを越えた地域」となったんです。

これはどういうことでしょうか？

例えば、「静岡県及びこれを越えた都道府県」となった時、日本全国だと言えるでしょう？　**「アジア太平洋地域及びこれを越えた地域」ということになったらどうなるか。これは地球全部に適用できる**というこ

---

[14] **日米安保条約前文と第4条**
〈前文〉

日本国及びアメリカ合衆国は、

（中略）

両国が極東における国際の平和及び安全の維持に共通の関心を有することを考慮し、
相互協力及び安全保障条約を締結することを決意し、よつて、次のとおり協定する。

〈第4条〉

締約国は、この条約の実施に関して随時協議し、また、日本国の安全又は極東における国際の平和及び安全に対する脅威が生じたときはいつでも、いずれか一方の締約国の要請により協議する。

となんです。

日米ガイドラインは国際約束ですから、２０１４年の集団的自衛権に関する閣議決定の枠を超えてでも自衛隊を動かせるようにしたいというのが、外務省の人たちの考えなんです。その考えと、安倍首相は比較的近いと思われます。

それに対して、内閣法制局と公明党は非常に立場が近い。防衛省もどちらかというと法制局に立場が近い。

これは、防衛省が地球の裏側に自衛隊を送りたくないからではないのです。

仮に**自衛隊員を海外に送りますとなった時に、こんな命令には従えないという人が、自衛隊員20数万人のうち、中には1人や2人はいる**でしょう。

その人が裁判を起こした場合に、今みたいなガラス細工の脆弱《ぜいじゃく》な法体系だと、憲法訴訟に勝てるか勝てないかが分からないんです。こういう脆弱なところでは、自衛隊は動かしたくない。

それだったら、⑮日米安保条約の極東条項を撤廃して、憲法9条を改正して、自衛隊が軍として動ける体制を作る。そういう体制をきちんと作っ

---

⑮

日米安保条約（日本国とアメリカ合衆国との間の相互協力及び安全保障条約）
1951年9月、サンフランシスコにおける講和条約調印と同時に日米間で締結された条約で、占領軍撤退後の日本の安全保障を確保するため米軍の日本駐留・基地設置を規定した。60年1月19日の改定により防衛義務を明確化するとともに、軍事行動に関する事前協議制度などが定められた。

てからでないと行けませんということなんです。

それから、民主党の3分の2くらいの人も、集団的自衛権を行使したいと思っています。だけど、民主党の理屈は、恒久法を作ったら、毎回毎回やってあげるという形で米国に恩を売れないから反対というものです。全然力が入っていない反対ですよね。そのあたりを国民にも見透かされているわけです。

現実味のない「ホルムズ海峡に掃海艇派遣」

残念ながら、日本の今の外交を見ていると、このあたりの情勢を含めて、大きな絵を描いているという感じはあまりしないですね。局所局所の対応に追われているにすぎないと思います。

一つだけその例を挙げると、**ホルムズ海峡へ機雷を除去するために掃海艇を派遣するという問題があります。結論から言うと、あり得ない。**

前回、1991年にホルムズ海峡に掃海艇を派遣した時はもう戦闘は終わっていたんです。ということは、国際法的には「ゴミ掃除」をしていると見なされます。

しかし、今度は違います。戦争中に、非戦闘地域へ派遣するということで組み立てができると外務省は考えているようなんですが、ものすごくセンスが悪い。

ホルムズ海峡で国際航路帯というのがどこを通っているか知っていますか。あれはどこかの国と国の中間地点あるいは公海ではなく、オマーンの領海を通っているんです。

では、機雷はどの国が敷設すると想定しているのでしょうか？

かつては、サダム・フセインのイラクが敷設することが考えられたのですが、今で言えば「イスラム国」でしょうか。ただ、「イスラム国」はまだ海軍を持っていません。だから、「イスラム国」がホルムズ海峡を封鎖するというシナリオはないですよね。

となると、国会での論戦を聞いていると、何となくイランだと思っているみたいだと思えてくる。しかし今、イランと米国は手を握ろうとしています。これもあり得ないシナリオです。

それに、オマーンという国は、常にイランとの関係を重視しています。ですから、仮にイランがオマーンの領海に機雷を敷設すると、これは国際法では宣戦布告になります。だから敷設するわけがない。

◎軍事パレードの閲兵でライフル銃を手にするフセイン・イラク大統領（当時）（写真／AFP＝時事）

この可能性は、日本の海上自衛隊と友好国フィリピンの海軍が交戦をするのと同じくらいの確率です。かなり荒唐無稽な想定です。あまりにも突拍子もないから。

だから、**国際社会でも全然ニュースにならない**んです。

日本が機雷の掃海艇を派遣するというのは、国際法的な観点から言えば、イラン—オマーン戦争が起きた時に、日本はオマーン側で参戦すると言っているわけです。

イランとオマーンが戦争になるという話を仮定とするとしても、当事者のオマーンから頼まれてもいないし、国際情勢の緊張もないのに、日本の国会で連日議論をわいわいやっているわけですよ。**極めてデリカシーに欠ける話です。しかも、現実性がない**。

だから、日本以外ではまともに取り上げられないわけです。あまりにも現実から遊離したところで議論が進められているから。

仮にイランと日本が交戦状態になったとして、日本国内に登録されているだけで約４６００人のイラン人がいます。その中には過激な思想を持った人もいるでしょう。本国と戦争ということになったら、日本国内で何らかのテロ行為に出る可能性が考えられます。

外務省の公式ホームページを見ると、600人以上の日本人が今イランの領域にいることが分かります。その日本人は全員、イラン国内で軟禁状態になるでしょう。出国できなくなります。そこまでシミュレーションをきちんとしているのかということです。

あり得ないことについて日本の国会でエネルギーをかけて話しているから、どうも国際情勢が激しく動いているところと日本国内で起きている論点がズレ過ぎている感じがするんです。

このギャップを埋めないといけないのですが、なかなか難しいというのが現状ですね。

運用レベルで失敗することも

安保法制の枠組みが脆弱《ぜいじゃく》だと、運用で失敗することも考えられます。一つ実例を出します。北方領土におけるインフラ整備のことです。ソ連時代、日本政府の立場は、「北方四島[16]はソ連によって不法占拠されているから、不法占拠を助長するインフラ整備は一切しない」、こうなっていたんです。

[16] **北方四島**
北海道東方沖の歯舞群島、色丹島、国後島、択捉島の4島は1945年にソ連が占領して以来、ソ連・ロシアによる実効支配が続いている。日本は51年のサンフランシスコ講和条約で千島列島を放棄したが、4島は千島列島に含まれておらず、日本固有の領土として返還を求めている。

ところが、実際は診療所を造りました。学校も造りました。それから、国後島の「友好の家」（いわゆるムネオハウス）という、もし津波などが来た時に逃げ込むことができるような避難所も造りました。この「友好の家」は、日本のビザなし渡航⑰でそこに行った人が泊まる宿泊施設でもあります。発電所も造りました。

これは、不法占拠しているからインフラ整備はしないという政府の原則に反しているじゃないかと普通は思うわけですよね。

そこで、当時の外務省は知恵を働かせたわけです。「インフラ整備の意味をより正確にしたい」と言った。

「変更する」とは言わず、「正確にしたい」と言ったんです。そして、真意は恒久的インフラを整備しないという意味だということにしたのです。

恒久的インフラとは何を指すかというと、基礎工事をしているということです。基礎工事をしていなければ、もしロシアがおかしなことをしたら、いつでもたたんで日本に持って帰れる。こういうものについては、恒久的インフラではないとした。発電機だって、貨物船で運ぶことができるのだから、持ち出すことができるはずだ。こういうふうに理屈をつ

---

⑰ビザなし渡航
1991年の「ビザなし交流」に関する閣議了解により、⑴元居住者、⑵返還運動関係者、⑶報道関係者が、旅券や査証（ビザ）なしで92年から北方四島を訪れることができるようになった枠組み。その後、日本語教師や農業技術者、医師などのほか、芸術関係者なども派遣されるようになった。

けていったわけです。

しかし、そこには本当は隠された狙いがあったわけです。

北方四島は当時、ペンペン草も生えないような状態になっていました。ロシア当局は、北方四島まで手が回らなかったわけです。日本政府は、その様子を見て、これは、完全に日本に依存させる環境ができていますね、となった。

人間にとってまず一番大切なのは命です。つまり一番が医療、その次が食料なんです。北方四島は物流が悪いから、食料品を冷凍庫に入れて大量にとっておくわけですが、電気が安定して供給されないと、食べ物が腐ってしまう。だから、日本が民生用ぎりぎりくらいの電気を送っておくんです。

そうしたら、これも、今だから話せる話なんですが、当時、地熱発電の専門家を連れて行ったんです。でも、もし真面目に調査して、よい蒸気が出ていますよ、これは地熱発電に向いてますよ、ということになると困るので、地熱発電は安定しないというマイナス面を、特に強調して報告書を作成してください、とお願いした。

それで、ロシア側に対しては、日本の最新鋭の技術でもって、地熱発

◎択捉島を視察するロシアのメドベージェフ首相（2015年8月22日）（写真／RIA Novosti／時事通信フォト）

電ができないかどうかやってみたんですけれども、残念ながら、地熱はまだ不安定でしたと伝える。

ではディーゼルはどうかともちかけます。その狙いは何か。

日本製ディーゼル発電機だったらロシアの質が悪い油では動きませんから、油も日本が用意しないといけなくなるんです。そういうふうにして、北方四島を少しずつ、完全に日本に依存させてしまう。その環境を作った上で、いざとなったら住民投票もあるわけだから、北方四島をひきつけようと思ったのです。

実際、**色丹島は7割、国後島5割、一番きつい択捉島でも3割くらいは日本への返還に住民が賛成していた。**こういう傾向を促進しながら北方領土問題を交渉する。でも、これはおおっぴらには言えないでしょう。

逆に今、おおっぴらに言えるというのは、その可能性がゼロになったからなんです。

2001年4月に田中真紀子氏が外相に就任し、鈴木宗男氏の疑惑が出てきて、私もお付き合いで捕まってしまったのです。それで、インフラは整備しないと言ったのに、あんなところにいろんなものを出して、ということになった。2002年9月に外相に就任した川口順子氏は

「インフラ整備は絶対しません、人道支援だけです」、とこうなってしまったから、われわれは間違えたことをしたと断罪されてしまったんです。

ちょっと待ってくれ、これは外務省条約局も内閣法制局も通っている話だぞ、と言いたいところですが、いざとなったら、そんな話は通らないんです。

ですから、私たちの失敗の経験を踏まえてですね、安保法制をいざ動かそうっていう時に、動かないことも考えておいた方がよいと思います。

米ロをめぐる安倍外交の迷走

安倍外交は、米ロに異なるシグナルを送っています。

ロシアにアクセルを踏み込み過ぎた、ここはブレーキをかけた方がいい、とある時、外務省は考えた。では、ロシアと〝戦争〟しているウクライナに、安倍総理を送り込もう。そうすれば、米国も機嫌を直すんじゃないか、と秘策をいろいろ考えるわけです。

そこで、2015年6月6日のことですが、ウクライナに安倍首相が行くわけです。お土産として２２００億円（18億4千万ドル）、使い道に留保をつけず（アンタイド）、ウクライナ支援として支出する約束をしました。アンタイドなので戦費でも使える、出した方にはどう使われるか分からないかたちのお金です。世耕弘成内閣官房副長官がブリーフでこの金額は突出していますと強調しています。

それから、安倍首相はロシアに対する対処方針について、「圧力と対話で、今後ロシアに向かっていく」と言うわけです。「圧力と対話」というこのフレーズ、聞いたことないですか？

これ、北朝鮮に対するフレーズです。

ということは、プーチン政権は北朝鮮と一緒ということですよね。ロシアはびっくりするわけですよ。どうしてこの錯綜《さくそう》したシグナルが出てくるのか、と。

そうしたら、その2日後、6月8日に安倍さんはミュンヘンで会見をして、「北方領土関係を進めるために、年内にプーチンさんをお招きしたい」と言って、また錯綜したシグナルが出てくるわけです。

この錯綜には前段があって、２０１５年2月、日本は米国からの圧力でコザックというロシアの副首相を制裁対象に指定したんです。

このコザックという人は、2014年に安倍首相がソチオリンピックに行った時、日本を担当していて、北方領土の日、2月7日とちょうど重なりましたが、プーチンの日程をずらして、安倍さんと直接会談する時間を作ったり、特別に安倍さんのために昼食会を準備したりと汗をかいた人なんです。

ロシア側は、これに対しても怒っているわけです。なんで日本のために汗をかいた人間を制裁にかけるんだ、と。こんなことだったらやってられない、というクレームを伝えに5月にはナルイシキン・ロシア国家院議長も来日したわけです。

こんなふうにロシアをめぐる状況で安倍外交が錯綜していますが、**北方領土は果たして今後動くのでしょうか――動かないんです**。

北方領土を動かしたいのなら、日本側がロシアへの制裁を解除して、先頭になってその方向で旗を振らない限り無理です。そのリスクを日本外交が取る可能性はない。仮に旗を振ったとしたって、米国はそれについてこない。英国もついてこない。ドイツもしたたかに、うまくかわすと思う。プーチンの狙いは、安倍政権の持っているカードに何があるかを知ることです。

多分、２０１６年伊勢志摩サミットにプーチンを呼んでもらい、G８[18]に復帰する。こんなところが、ロシアの考えているシナリオです。

こんな感じのゲームが行われているわけですが、さて首尾良くこのゲームをこなすことができるのか。米国とロシアの双方の言い分を恐れず、どこまで続けることができるのか。

安倍政権の「コウモリ外交」

ウクライナ問題で米国とロシアの亀裂が激しくなりました。

ＥＵとロシアの関係は、米国ほど悪くないのですが、やはり溝があります。

その間隙を縫って**安倍政権は、G７の一員ではあるけれども、ロシアとの関係も崩さないという、ある意味では八方美人外交、あるいは「コウモリ外交」をやっている**わけですね。

その「コウモリ外交」の結果、プーチンは今年訪日する可能性があるというところまでこぎつけていたけれども、テロをめぐる闘いにおいてロシアは米国との協調路線を採らない。米国も、ロシアと妥協しないと

---

[18] G８（およびG７）
日米英仏独伊の先進６カ国は１９７５年11月、仏ランブイエで首脳会議を初開催。翌76年にはカナダも招かれ、先進７カ国（G７）の枠組みが形成された。G７は当初、石油危機後の不況への対応として、先進国首脳が貿易やエネルギーなど世界経済の諸課題で政策協調を議論する場として生まれた。その後の冷戦終結でロシアが参加。98年からは「主要８カ国（G８）サミット」と呼ばれる。ウクライナ問題に伴うロシアの参加停止により、２０１４年からG７サミットとなっている。現在では新興国を交えた20カ国・地域（G20）首脳会議が存在感を増し、G８の役割低下も指摘されている。

強く言っています。そうすると今後、日ロ関係の停滞にもつながってくると見ています。

北朝鮮かロシアで一発逆転？

あともう一つ。ロシア外務省はまったくやる気がないんです。

この状況の中で、今の日本の外務省とモスクワの日本大使館で、ロシア外務省をきちんと制御して、クレムリンにアクセスして事態を動かすことができるのか。


率直に申し上げますが、私は悲観的です。

日本の政権が末期になった時、手を出したくなる外交要件が二つあるんです。北朝鮮とロシアです。北朝鮮とロシアに手を出そうという時は、国内政治やほかの外交で展望がないので、ここで一発逆転を狙うんですよ。ただ、今まで、それで逆転できたケースはないですね。

悲観的なことを言っているなと思われるでしょうが、私はむしろ楽観論者です。ただ、若干事情に通じているだけで、こういう見通しが出てくるというわけです。

第3章

沖縄が日本の将来を握る

――民族問題と国家統合

沖縄・構造化された差別

私はさまざまな雑誌などに執筆していますが、基本的には保守的な論調の媒体が多いです。ですから論壇においては、おそらく保守系の色分けに入るでしょう。

その上で言いますが、**私は今の政府が沖縄に対してやっていることはひどいと思う**。

これは明らかに「構造化された差別」です。構造化されているが故に、差別する側にとっては「当たり前」のことになってしまい、自分たちがしていることに気づかないことがあります。

本章では沖縄を中心に扱いますが、結論を先に言うと、ハンドリングを間違えると、今後、日本の国家統合が崩れる可能性がある。

結果的に「沖縄の分離・独立」という形になっていくかどうかは分かりませんが、日本国家が弱くなり、沖縄と、沖縄以外の日本の一体感が保てなくなる危険性があります。

ただし、沖縄県民と沖縄以外の日本国民の努力でそうはならないよう

---

❶ 抑止力理論（力の均衡）

一般に、抑止とは、「相手が攻撃してきた場合、軍事的な対応を行って損害を与える姿勢を示すことで攻撃そのものを思いとどまらせる」軍事力の役割とされる。（中略）こうした抑止概念は、懲罰的抑止と拒否的抑止に分類されることが多い。懲罰的抑止とは、耐えがたい打撃を加える威嚇に基づき、敵のコスト計算に働きかけて攻撃を断念させるものであり、拒否的抑止とは、特定の攻撃的行動を物理的に阻止する能力に基づき、敵の目標達成可能性に関する計算に働きかけて攻撃を断念させるものである。（2010年版『防衛白書』より）

❷ 尖閣諸島

日本政府が尖閣諸島をどの

にと願っていますし、私もそう努力したい。

中国「境界線の引き直し」に巻き込まれる沖縄

国際秩序は大きく変わっています。

何が起きているのか――。

19世紀の終わりから20世紀初めの古典的な帝国主義的な国家間対立に近いものが生じています。

私はそれを「新帝国主義」と言っています。なぜ旧帝国主義と区別するかといえば、植民地を必要としないからです。それから、帝国主義国家間の全面戦争は避ける傾向にあるからです。

ですから、ニュートンの古典力学のような、「力の均衡」[1]モデルで国際関係を考えることができます。

尖閣諸島[2]や竹島[3]の情勢がなぜ近年厳しくなってきているのか。これは力の均衡が変わってきているからですね。

日本や米国の国力がかつてより相対的に弱くなり、逆に中国がぐっと強くなって台頭してきた、こういうことが背景にあります。

国家にも属さない「無主地」として沖縄県に編入する閣議決定を行ったのは１８９５年。第２次世界大戦終結で台湾と澎湖諸島を中国に返還した際、日本が放棄した領土に尖閣諸島は含まれず、１９５１年のサンフランシスコ講和条約で米国の施政下に置かれた。71年の沖縄返還協定に基づき日本に返還された。

❸ **竹島**
島根県隠岐の島から北西約１５８キロの日本海沖にある東西二つの島と岩礁から成る。日本は１９０５年の閣議決定で同県に編入したが、韓国は52年に「李承晩ライン」を設定してライン内に取り込んだ。54年以降は警備隊を常駐させ、実効支配を続けている。島根県は編入１００周年となる２００５年に「竹島の日」を定める条例を制定。12年に李明博韓国大統領(当時)が上陸し、日韓の対立が激化した。

帝国主義的な力の均衡が変動する時には必ず、「境界線の引き直し」が起きます。沖縄が今、その渦に巻き込まれているわけですね。

近年、「国民国家」の在り方が問題になり始めています。

例えば、今、世界を一番にぎわしている問題の一つは、イラクとシリアの一部を支配している「イスラム国」です。この「イスラム国」の影響は、実は、この前まで大変だったイスラエルとハマス❹の問題に関わっています。ハマスも「イスラム国」のもともとの仲間です。現在、互いに殺し合いを始めていますが、これは内ゲバのようなものです。

日本にいると分からないのが中東情勢です。専門書を読んでもなかなか分からない。それには理由があるんです。日本のほとんどの中東専門家はシリアかエジプトで勉強していたから、アラブ世界にどうしても共感してしまい、突き放して客観的に見ないということがある。

尖閣をめぐる日中衝突の可能性

私は、尖閣❺をめぐる日中衝突は、現実問題としては今後ほとんど起きないと見ています。

---

❹ **ハマス**
イスラム教主導のパレスチナ国家樹立を目指し、反イスラエル闘争を続けるスンニ派のイスラム原理主義組織。1987年後半に原理主義組織「ムスリム同胞団」のパレスチナ支部の発展組織として結成された。

❺ **尖閣をめぐる日中の情勢**
2010年
中国漁船が海上保安庁巡視船と衝突（9月）
12年
石原慎太郎東京都知事が尖閣購入計画を発表（4月）
日本政府が国有化、中国各地で反日デモ（9月）
中国政府公船の領海侵入が常態化
13年
尖閣空域を含む防空識別圏を中国が一方的に設定（11月）

ただ一つ可能性があるのは、中国の武装漁船が、日本との関係を挑発しようとして、尖閣諸島のどこかに上陸する。それを海上保安庁が排除しようとするのに対して、中国の公船が出てきて、阻止しようとした結果、公務員同士の戦いで死者が出る。こうなった場合、紛争がどこまでエスカレートするか。

その際、気をつけないといけないのは沖縄の反応です。沖縄は、沖縄以外の日本と全然別の「情報空間」になっていますから、もしそういう戦闘が起きた場合には、それに巻き込まれないように、相当強いかたちで日本からの分離志向が働くと思います。そこで、「日本の尖閣ではなくて、沖縄の尖閣だ。だから、そこで紛争を起こさないでくれ」という議論になった場合、国際情勢の組み立てはがらっと変わってくると思います。

その場合、米国も尖閣で紛争を起こさないようにという方向で介入してくる可能性が十分あると思います。

尖閣に関しては、米国が日米安保条約の適用範囲だと明言していること❻と、実際に米国が動くこととは全然違いますから、その点についても注意深く見る必要があります。

---

❻**オバマ米大統領来日の際の共同記者会見**
日米両政府は2014年4月25日午前、安倍晋三首相とオバマ大統領の首脳会談の成果をまとめた共同声明を発表した。この中で中国が領有権を主張する沖縄県・尖閣諸島にも言及。対日防衛義務を定めた日米安全保障条約第5条の適用対象は「尖閣諸島を含め、日本の施政下にある全ての領域に及ぶ」と明記した。「米国は尖閣諸島に対する日本の施政を損なおうとする、いかなる一方的な行動にも反対する」と強調、挑発行為を繰り返す中国をけん制した。中国による防空識別圏設定など「東シナ海・南シナ海で緊張を高めている最近の行動に強い懸念を共有する」とも表明した。

ただ、衝突の可能性では、非合理なものはどうしても残りますから、そこは警戒しないといけません。

ナショナリズムの二つの形

ナショナリズムには、歴史の記憶で分けた時に二つの形があります。「領域的ナショナリズム」と「血統的ナショナリズム」です。

「領域的ナショナリズム」の人たちは、例えば、尖閣で一生暮らすことがなくても、東京都の副知事が募金をお願いすると13億円もの寄付をします。何で東京都の人が沖縄の領域のことに口を出してくるのか。なおかつどうしてそういうおカネを集めてきて払うのか。「血統的ナショナリズム」の沖縄の人たちには理解できないわけです。

「血統的ナショナリズム」の人たちは、尖閣周辺の漁場がきちんとされているか、台湾の漁船が入ってきても、そこをどう使うかということが関心事であって、誰が住んでいるかということについてはあまり興味を持たない。

これが「領域的ナショナリズム」と「血統的ナショナリズム」の違い

です。

中国の近代化

さて、中国について少し考えます。これには「国民国家」の問題が密接に絡んできます。

「国民国家」は、19世紀から20世紀の産物で、もはやなくなった。そう思っていたら、そうではなくなってきている。例えば今、**中国で起きていることの中で一番の問題は「国民国家」化です**。

近代的な民族の誕生期には必ず「敵のイメージ」が必要です。

この問題を考えるには英国の社会人類学者アーネスト・ゲルナーの『民族とナショナリズム』❼という本がとても参考になります。

チェコ人が生まれる時はドイツが敵に見える、ポーランド人やフィンランド人が生まれる時はロシア人が敵に見える、アイルランド人が生まれる時はイギリス人が敵に見える、ドイツとフランスは互いに敵に見えるといったように、必ず、自民族をまとめあげるために「敵のイメージ」が要請されます。

❼ **『民族とナショナリズム』**
アーネスト・ゲルナー／加藤節監訳　岩波書店、２０００年

過去の戦争もそうでしょう。戦争に負けた時に、「こんなにひどい目にあわされた、よくもひどい目にあわせやがったな」という、マイナスの記憶から「民族」のまとまりが出てくるんです。

中国は、近代的な中国人をつくる際に、日本に「敵のイメージ」を据えてしまったんです。

そうすると、仮に尖閣諸島を日本が中国に全部渡したとしても、歴史認識問題で靖国の問題がまた出てくる、南京大虐殺の問題が出るといったように、順番に「歴史カード」が出てきます。

これはいつまで続くか――。

中国の近代化が完成するまで❽です。

これは、この先50年は最低かかる話です。ですから50年間、中国は日本と真の友好国になることは難しいという、こういう冷徹な認識の下でわれわれは対中国戦略を構築しなくてはいけない。

だからこそ一方で、決定的な対立にしていかないために、観光や貿易などで、中国人と日本人が個人的に付き合うことが重要になってくるわけです。

---

❽**中国建国100年（2049年）**
2008年12月18日、中国が改革・開放路線への転換を決定した共産党第11期中央委員会第3回総会（3中総会）開催から30年を記念する大会が北京・人民大会堂で開かれた。胡錦濤党総書記（国家主席）が重要演説を行い、党成立100年（21年）に「より高い水準の小康社会（ややゆとりのある社会）」を、新中国成立100年（49年）までには「富強、民主、文明、調和のある現代化した社会主義国」を実現するとの目標を掲げた。

私のルーツとしての沖縄

私が沖縄に関心を持つようになったのは、私のルーツが半分沖縄にあることに関係があると思います。沖縄の出身者は必ず、家族の中で自分たち独自の歴史を持っているんです。

私の母親は1930年に沖縄・北大東島で生まれ、すぐに久米島に移り、2010年に死にました。14歳の時に、日本軍の軍属になって――これは珍しい例です、いわゆる学徒隊とは違います――軍と一緒にずっと行動していたんです。

手短に説明しますと、母親は両親が出稼ぎをしていた北大東島で生まれて、その後、久米島に還ったのですが、子どもの頃、島で小児麻痺がはやりました。多くの子どもたちが死んだ中で、母親は幸いにして、人指し指と薬指に少しだけマヒが残ったけれども、生活には支障がなかった。ただ、当時の久米島の女性は、農家のお嫁さんになって、一生島から出ないというものです。祖父母はお嫁の貰い手がないんじゃないかと大変心配した。学校の成績が良かったので、那覇の昭和高等女学校に行きました。1942年のことでした。

1944年10月10日に那覇市の大空襲があって、その後、校長先生が指令します。「3年生、4年生は学徒隊に入りなさい。そして軍を手伝いなさい」。この学校の場合は梯梧《でいご》隊になるわけですが、当時2年生だった母親は、「1年生、2年生は故郷に帰りなさい」と言われました。

ふるさとの久米島は沖縄本島から西に約100キロ離れています。久米島に行く船は全部空襲で沈められて、帰れと言われても帰る手段がありません。

途方に暮れていたところ、上に2人姉がいて、一番上が21歳で、第62師団、通称石部隊の軍医部に勤めていた。それで、そこの軍司令部に事情を話し、何とかしてほしいとお願いしたら、大変同情してくれて、辞令をもらって軍属となり、日本軍と共に行動しました。

那覇のすぐそばの前田高地の激戦では、米軍のガス弾を受けました。周りにいた人々はみんな死んでしまったけれども、母親はガスマスクを付けるのが早かったので、あまりガスを吸わないで済んだのです。しかし戦後、ステロイド剤が開発されるまでは、けっこう喘息で苦しんでいました。私の母親はこういう形で沖縄戦を体験しているんです。

沖縄の慰霊の日は6月23日となっていますが、これは実証研究では間違いで、1945年6月22日に、長勇参謀長と牛島満司令官は自決しているんですけれども、母親は摩文仁の丘のところまで来ていました。2番目の姉は負傷していて、一番上の姉と摩文仁の丘の上の方で離れてしまって、母は摩文仁の丘の下の方にいました。

そうしたら、夜なのに明かりが見えるんですよ。照明弾がひっきりなしに来た。それで人間の腹がメタンガスが影響して風船のようにふくらんでいるのが見えた。そんな状況です。それで1カ所、洞穴があって、そこに入れてもらうんですね。そこでは17人が天然の壕《ごう》の中にいました。民間人は母親と2人だけいました。「もし米兵に見つかったら、自決するか、どこか違うところに行くからね」という約束をして。それで、時々交替で井戸に水を汲みに行ったのです。

6月23日の未明、母親が水を汲みに行く順番で、井戸へ行くと、下士官がいた。「われわれは牛島司令官、長参謀長の当番兵だ、今、自決するから、おまえらは外に逃げて、生き残れ」と言われ、それで「戦争は終わるぞ」ということも言われた。

母親は、石部隊の自分に関わりがあった「藤岡中将はどうなりましたか」と言ったら、「既に自決しているはずだ」と。実際、その直前ぐらいに石部隊の幹部はみんな自決しているんです。

　それで母はしばらく、そこにいたのですが、7月のある日、横に米兵を連れて、日本兵が戻ってきた。若い米兵は、自動小銃を持ってブルブル震えていた。こういった時、ちょっとびっくりして銃の引き金を引いてしまうと、そこで全滅してしまいます。米兵から見ると、壕の中に三八式歩兵銃が十何丁も並べてあるわけです。それを見たらびっくりします。そうしたら横にいたハワイ出身の通訳兵が下手な日本語で、「全部出て来なさい。殺しません。食べ物があります。助けます」、そういうことを言った。

　母親は手榴弾を持っていて、手榴弾の安全ピンを抜いて横の珊瑚礁でできた壁に叩きつけたら、すぐ爆発します。そうしたら17人全滅です。そういうふうに死んでしまう例がいくらでもありました。

　母親は手榴弾を二つ持っていた。米軍につかまったら、素っ裸にされて、耳と鼻を削られて、目をくり抜かれた後に一寸刻みにされるから自決しろ、と言われていた。手榴弾一つだと爆発しないかもしれないから、もう一つ持っていた。それで、珊瑚礁の壁にぶち当てようとしたのだけ

◎沖縄戦・洞窟の中の日本兵を攻撃する米軍（写真／毎日新聞社／時事通信フォト）

れど、一瞬ひるんだ。

その隙に、横にいたアヤメという名前の北海道出身のひげぼうぼうの伍長が、「死ぬのは捕虜になってからでもできる、ここはまず生き残ろう」と言って、両手を挙げた。それで、母親は助かったわけです。

母親の場合は、戦争に遭遇したほかの一般の沖縄県民と比べると、日本軍と共に行動していたから、日本軍に対して良い感情がある。

例えば、弾が飛んでくると、自分たちの命を考えないで、覆い被さって助けてくれる日本兵がたくさんいた。あるいは東京外事専門学校（東京外国語大学の前身）出身の通訳兵が「アメリカ人は女、子どもは絶対殺さない。だから捕虜になれ」、そういう耳打ちをしてくれた。

それから、戦争が始まる前に母親を教育した前川という大尉はチフスで死んでしまったのですが、亡くなる前に、「あんたは絶対生き残れ。おれは病気で死ぬ。この戦争は日本が負ける。だからあんたはとりあえず捕虜になって生き残り、とにかくいい男を見つけて子どもをつくれ。こんな戦争で負けたぐらいで日本民族は滅びない」と言ってくれた。

母親は病院に勤めていたので、いろんな光景を見ました。住民が軍によって壕から追い出され、お母さんが死んでいる横で泣いている子ども

◎沖縄南部で掃討作戦を行う米兵（写真／時事）

の姿も見てきた。

物心つくかつかないかという頃から、そういった話を私は母親から聞かされてきました。

託された「太鼓のお守り」

母親はたくさんの写真と手紙を預かっていました。

沖縄は、航空決戦で特攻隊が米軍をやっつける予定だったのですが、先に空襲で空港も飛行機も全部やられてしまったのです。そうしたら、航空兵たちは戦うすべがない。

そうなると、日本刀と手榴弾だけを持って、米軍の陣地に斬り込みに行くしかありません。これはまったく成功しません。だから、斬り込みに行く前、兵隊さんたちは、手紙や写真を母親に託すわけです。「あなたは女だし、若いから、もしかしたら生き延びるかもしれない。そうして、もし内地に行ったら、これをおふくろに渡してくれ」と。田口輝男少尉という人が前田の方のところで斬り込みに行く時に母に渡したものがありました。

◎沖縄南部海岸で米軍戦車による洞穴への火炎放射（写真／時事）

摩文仁の丘で米軍に捕まった時、母親はそれを全部とられてしまいました。ところが、ズボンの底のところに、小さな太鼓のお守りだけが残っていました。それだけは、米兵が気づかなかった。

結局、母親が沖縄戦に従事したという証拠はそれしかない。その太鼓のお守りを手がかりに、田口輝男という少尉の名前を覚えていて、私の父親と結婚した後、本土に来てから1950年代半ばに父親が厚生省で調べて、彼のお母さんを捜し当てたんです。

そうすると、お母さんは「そういえば、どこの部隊にいるとは書いてなかったが、一度だけ黒砂糖を送ってきてくれたことがある。そういうふうにして死んだのですね、息子は」と。

ただ、そのお母さんは再婚されていて、あまり前夫の息子のことについては言わないでほしいという感じだった。それから一週間ほどすると、渡した太鼓のお守りが母親のところに郵便で戻されてきた。「沖縄の戦場であなたと一緒に歩いてきたんだから、これはあなたが持っていてほしい」と。

母親が5年前に死んだ時、遺品を整理していたら、琉球漆の箱の中に、大切にそのお守りが入っていました。

　母親は、戦争が終わった後、大きな価値観の転換があったようです。戦後、沖縄は日本の国から切り離されてしまったことで、これまでの日本の価値観を信用できないという理由からプロテスタントのキリスト教に帰依したし、徹底した平和主義者になったわけです。それとともに熱心な社会党の支持者になったんです。

　私の叔父（上江洲智克《ちこく》〈通名・久《ひさし》〉）は兵庫・尼崎で沖縄県人会をつくり、県会議員として社会党左派で活躍したんですが、母親はキリスト教徒になった一方で、隠れて靖国神社へ行っていました。沖縄戦で死んだ人々が英霊になって靖国神社にいると母親が感じていたからです。亡くなった自分の姉や、一緒に死んだ日本兵たちの英霊は靖国神社に奉られているとクリスチャンながらに思っていた。

　結局、私の母親は、このアンビバレントな感情を整理しないまま生きていくことにしたんですね。私が法学部や経済学部などに進学するのではなく、神学の勉強をしたいと思ったのは、やっぱり母親の原体験というのが私の中にあるのです。

　私の母親は、日本人であるのか沖縄人であるのかということを究極的には詰めないで生きていこうと決めました。

沖縄で起きていることは「民族問題」

今、私が心配しているのは、多くの沖縄の人たちが、沖縄人か日本人かを無意識のうちに、あるいは意識的に選択せざるを得なくなる状況になるのではないかということです。

あまり民族とかそういうことを考えないで生きていけるのが日本なんです。

私はロシアに7年近くいたのでいろんなところを見てきました。そのうちの一つはロシア科学アカデミー民族学人類学研究所というところで、そこの大学院に所属して私は民族問題を研究しました。面白いことに、研究所では、亜民族（ナロードノスチ）に関しての研究もあるんです。

亜民族というのは、大きな国の近くに住んでいる、独自の伝統や文化を持っている人たちの集団です。歴史の巡り合わせによって、一つの大きな民族の一員になったけれども、完全には同化できない。歴史の巡り合わせが変わったら、隣の大きな国の民族の一部になった可能性がある、あるいは独立した民族になる可能性もあるというところです。

この亜民族に関しては、特別な自治制度を敷かないと、複雑な安全保障上の問題が出てきます。

そこで沖縄について重要なことは、沖縄の文化を尊重し、歴史、名誉と尊厳、そして安全を日本人がこんなに真面目に考えて、こんなに守ってくれているんだから、それならわれわれは、日本と一緒にいたい——それで自発的に日本への統合を行う。こういう流れが望ましいと思います。

今、沖縄で起きていることはとても難しい、民族問題なんです。

沖縄は歴史のちょっとした巡り合わせで日本の一部になった。中国の一部でもおかしくなかったという辺境ですから、もしかしたら、独立できたかもしれないと考える人たちがいるんです。

この人たちの考えは、情勢が変化すると、独立に向かう可能性があります。英国におけるスコットランド問題[9]と一緒です。

『実現可能な五つの方法 琉球独立宣言』（講談社文庫）を書いた、松島泰勝さんという龍谷大学の先生が独立運動を始めています。あの人は石垣島出身の大変な秀才で、早稲田大学の政治経済学部に行って、その後、外務省の専門調査員になった人です。外務省は専門調査員を採る時

---

[9] **スコットランド問題**
2014年9月18日、英北部スコットランドで英国からの分離・独立の是非を問う住民投票が行われた。事前の世論調査では賛否が伯仲していたが、開票の結果、独立賛成44・7%、反対55・3%で独立は否決。英国分裂という歴史的事態は、かろうじて回避された。投票で「賛成」が多数を占めた場合、1707年にスコットランドとイングランドが連合した大ブリテン王国が成立して以来の歴史的分離が実現するとして、世界的な注目を集めていた。

に思想検査をしますから、過激な思想を持っている人は絶対採りません。成績よろしく、温厚な人なんです。そういう人がすごく急進的なナショナリズム活動に入っていった。

ただ、あの「琉球民族独立総合研究学会」❿というところの話でひっかかるのは、「本会の会員は琉球の島々に民族的ルーツを持つ琉球民族に限定する。」（会則第４条）です。松島さんたちは、沖縄人としてのアイデンティティーを確立するためには、アカデミックな学会としては民族的ルーツを琉球の島々に持つ人にメンバーを限定することが合理的だと考えているのでしょう。人種主義的な運動をする意図はない。松島さんたちが一生懸命やっていることを批判したくないから、私は「これは人種主義と受け止められる危険があるからいけない」とは言いません。ただ、学術研究団体であってもメンバーシップに民族的なルーツという条件をつけると人種主義に発展する危険性があることを十分自覚しておく必要があります。

❿ **琉球民族独立総合研究学会**
（学会のサイトより）琉球の島々に民族的ルーツを持つ琉球民族の琉球民族によるる琉球民族のための学会。琉球の独立が可能か否かを逡巡するのではなく、琉球の独立を前提とし、琉球の独立に関する研究、討論、実践を行い、全ての軍事基地の撤去を目指す。独立を実現するためには何が必要なのか、多角的ならびに総合的な研究、討論を行い、それらを通して人材の育成を行う。研究成果を踏まえて、国連の各種委員会、国際会議に参加し、琉球独立のための世界的な運動等を展開する。
http://www.acsils.org/

沖縄の基地問題

問題は、沖縄は複雑な経緯もあり、日本全体の陸地面積の0・6％しかないところに、日本全体の米軍基地のうち、74％もの基地があることです。

もともと、1951年のサンフランシスコ平和条約の時は、沖縄の基地が10％、日本の基地が90％だったんですね。1972年の沖縄復帰の時も50％対50％だったんです。

ではどうして今、1対3の比率で、74％もの基地が沖縄にあるかというと、本土で基地への反対闘争が強くなったからです。それで1956年に沖縄に移すことになった。

今、問題になっている普天間の海兵隊も、もともとは岐阜県と山梨県にあったんです。

ところが、こういったことをみんな忘れてしまうんです。

沖縄保守・翁長知事の苦悩

今、翁長雄志・沖縄県知事が一番恐れていることは、沖縄が日本から分離してしまうことです。**沖縄には分離傾向が潜在的にある**んです。その傾向が顕在化したらまずい。何としても日本と沖縄が離れないようにしないといけない。

そのためには、今のように強圧的な、辺野古の新基地建設を阻止しなくてはいけない。

もう一つは、翁長知事は保守派で、集団的自衛権容認論者ですから中国の台頭や脅威もよく分かっています。その中で、辺野古のことで今失敗をすると、嘉手納基地まで使えなくなる、全基地閉鎖みたいな感じになる。そこを非常に心配しています。

私は、翁長知事は、沖縄に徹底してこだわる保守政治家だと思っています。

この人がうまく事態をハンドリングできなくなると、沖縄は統制不能の状態に陥る可能性がある。ただ、そこがなかなか理解されず、特に本土の保守派の感覚と、翁長知事の持つ保守の感覚が離れてしまっていることが、大変な問題です。

例えば、集団的自衛権の問題でも、もし日米が対等になるならば、米国に一方的に治外法権を認めているような日米地位協定は改定されるはずなんです。ところが地位協定の問題は、生じているトラブルはほとんど沖縄で起きていることなので、沖縄以外では何が問題なのかが見えていないわけです。このあたりは、非常に難しいところです。

本土の人に「本音は言わない」

99対1という極端な人口比で少数派である沖縄の考えは、多数派にはなかなか分からないのです。

また、沖縄人たちにも、独特な立ち居振る舞いがあります。

例えば、皆さんが沖縄にゴルフや観光に行くとするでしょう。「基地問題をどう思いますか？」と聞けば、「ああ、基地は経済への効果もあるから仕方ないよ」とか、「基地で潤っている人もいるんじゃないの？」とか、こんな感じで「基地反対」と正面から言う人は多分いないと思います。どうしてでしょうか。

その人たちが反対派でも、外から来るお客さんに対して不快にさせるようなことは言いません。それから、人口１％の少数派である自分たちは、身内の中でしか本音を言わないという感覚があります。外の人たちに対しては、外の人たちが好むようなことを言う、こういう感じなんです。

実は、その雰囲気を一番よく分かっているのが、沖縄防衛局の人たちだと思います。あるいは自衛隊の現場で沖縄に勤務した経験のある人たちでしょう。

沖縄人同士での争いは起こさない

沖縄は革新が騒いで、保守が収める。その構造が変わっていないいんじゃないかという見方があります。それは本質において差別的な見方で、実はそうではない。沖縄県警の圧倒的大多数の警察官は県出身者。そして、ガードマンとして防衛局から雇われているのも県出身の若者です。また辺野古で雇われている漁船も県民です。

前の戦争において沖縄の人たちが一番つらかったことは何かといえば、当時の日本の国策を信じたり、あるいは日本を怖がり、過剰に反応して、沖縄人が沖縄人を傷つけたり殺したりしてしまったことです。ですから、今後いかなる状況においても、沖縄人の間で流血騒ぎが起きたら阻止する。それは右とか左とか関係のないコンセンサスです。

だから、政府の強引なやり方も問題だけれども、「沖縄を指導してやるから」とか、そういった考えの左翼の人たちにはお引き取り願いたいというのが本音でしょう。

私は東京近郊で生まれ育って、沖縄の血は半分しか入ってなくて、外務省で働いていましたが、外務省にいる時も沖縄人であるという意識はいささかも失ったことはなくて、「原郷としての沖縄」という意識があります。私の父親は東京生まれです。母は沖縄の久米島出身です。そうするとやはり、沖縄人であるというアイデンティティーと、日本人であるというアイデンティティーが自分の中にある。

琉歌の感覚

以前、「対馬丸」[11]の慰霊祭に行ったことがあります。その時、沖縄の伝統的な歌劇である「組踊《くみおどり》」のスタイルで対馬丸事件の朗読劇がありました。

高校生たちもたくさん来ていて、最初、理解できるかどうか分からなかったけれども、途中で高校生たちが泣きだしたんですよ。本土の五・七・五・七・七じゃなくて、琉歌のサンパチロク（八・八・八・六）のリズムで、やっぱり心が震えるわけですよね。ですから沖縄人という感覚が、昔もあったし、今もあるし、今後もあるんです。

沖縄で伝統的に用いられていた言語は「うちなーぐち（琉球語）」です。日本語とは別の言語です。それから沖縄文化には、組踊り、沖縄芝居をはじめとして三線を演奏する、大衆芸能などがあります。

目取真俊さんとか東峰夫さんとか、あるいは大城立裕先生とか、沖縄出身でも芥川賞作家は何人も出ています。しかし、直木賞作家は一人もいない。『カクテル・パーティー』（岩波現代文庫）で芥川賞を沖縄で初

---

⑪ 対馬丸事件
太平洋戦争中の1944年8月21日に長崎を目指して那覇港を出港した学童疎開船「対馬丸」（6754トン）が翌22日夜、米潜水艦ボーフィン号の魚雷攻撃を受け沈没した事件。対馬丸には学童や引率教員、船員ら約1800人が乗っていたが、このうち学童約800人を含む1400人以上が犠牲となった。97年12月、深海探査機により鹿児島県・悪石島沖の海底で船体が発見された。

めて受賞した作家の大城立裕先生が指摘していますが、**直木賞作家が出ないということは、大衆文学が使う言語を十分操ることができていない**ということです。

沖縄では「水戸黄門」が作れない

これについては、TBSのドラマの「水戸黄門」で琉球編がないこととも関連します。

大城立裕先生が『休息のエネルギー』（農山漁村文化協会）という本の中に書いていますが、TBSは琉球編を作ろうとしたんですが、沖縄のローカル局はできないと言ったんです。

その理由は、最後、大団円になる時に、「えい、下がれ下がれ。この印籠が見えないか」と見せても、「それ何だ？」となる。薩摩の支配なら知っているけれども、その先に江戸幕府があることまでは知らない。そうすると、最後の瞬間、「えっ、何だこれは」、それで終わってしまう。大団円の型が決まらないので、結局できなかったんです。

ということは、「水戸黄門神話」が通用しない、さらに言えば、**天皇**

神話に包摂されていない日本ということなんです。沖縄では、「天皇」という言葉が出ると、そこで議論が止まることが理解できない。

東京の感覚からすると、「天皇」という言葉が出てきたところで、ではもうこれで、この話は終わりと、そこで問題が解決するということがありますが、それが実感として分からないのです。

でもそのことの意味を、一番分かっておられるのは今上陛下ご自身だと思います。というのは、琉歌の勉強をされ、詠んでおられているからです。五・七・五・七・七という和歌のリズムとサンパチロクの琉歌というかたちで表現されるリズムを、ハイブリッドなものとして捉えることができておられる。このあたりの日本と沖縄の文化的差異がもたらす難しさを分かっておられると思います。

政治の言葉、民衆の言葉

それで、沖縄はなかなか自分たちの思っていることをうまく通じるように語れないんですね。かつて復帰の時、左翼運動などが強かったから、左翼的な議論をやることによって、ある程度、沖縄の主張を聞き入れてくれた。そういった習慣があるから、**「どうも左翼的な言語を使うと通用するのではないか」というステレオタイプがある。**

その結果、少なくとも革新陣営が２０１４年11月の沖縄県知事選挙[12]で、自分たちの候補を立てられなかった。政治の言葉が、民衆と結びついた言葉、人々と結びついた言葉を使うことができないなら、その政治勢力はどんなイデオロギーであっても消えていってしまうんです。

この先、沖縄県知事選挙は、沖縄の自己決定権回復に関する住民投票の意味合いが絡んだものになるのではないかと考えます。

これは必ずしも独立という意味ではありません。独立しようと思えばできるけれども、日本国の中にとどまるという選択を主体的に示す、ということです。ほかのどの国やどの民族と比べても、沖縄人は日本人との間が一番近くて、沖縄人は日本人と本当の友だちになれると思うからです。

沖縄が置かれた位置

２０１４年11月の沖縄県知事選挙は、限りなく住民投票としての意味

---

[12] **２０１４年11月の沖縄県知事選挙**
任期満了に伴う沖縄県知事選は２０１４年11月16日、投開票された。日米両政府が進める米軍普天間飛行場（沖縄県宜野湾市）の名護市辺野古移設の是非が最大の争点となり、県内移設反対を掲げた翁長雄志前那覇市長（64）が、３選を目指した推進派の仲井真弘多知事（75）＝自民、次世代推薦＝ら３人を破り、初当選した。仲井真氏に約10万票の大差を付けた。知事選は、仲井真氏が13年末、辺野古沿岸部の埋め立てを承認して以降、全県レベルで民意が問われる初めての機会となった。投票率は64・13％で、前回を３・25ポイント上回った。

合いが出ていました。ですから、4人の候補者が立ったけれども、かなりはっきりした構図になった。それが今後、一つの方向性を示すことになると思うんです。

ただ、実践的な課題としては、**日本の国家統合をどうやって維持するか**、ここを本当に考えなくてはいけないと思います。その際、多数決制度の民主主義で進めると、沖縄との合意は非常に難しいと思います。

ちょっと乱暴な例を出しますね。日本の都道府県は全部で47あります。ここで47人のクラスを考えてみましょう。みんなが嫌がる便所掃除は多数決で決めようということになった。多数決で、「佐藤君の席が便所に一番近いから、佐藤君が便所掃除するのがいいと思います」となって、佐藤君以外の46人が賛成。佐藤君は毎日便所掃除するのはいやだと言っている。それでもう1回議論を尽くしてみても、やはり「便所に一番近いところにいるのは佐藤君だから佐藤君が掃除するべきだ」と、多数決でそうなった。佐藤君は譲歩して、「1カ月のうち2週間は自分が便所掃除するけれども、あとの2週間はほかの人が便所掃除してくれ」と言っても、多数決でそれは変わらない。「**便所に一番近いんだから、佐藤君が便所掃除しなさい**」、こういう話です。

この例え話では便所への距離が近いということが、沖縄が置かれた地政学的要因になります。これぐらい激しいアナロジーを用いないと日本人には、沖縄人が何に対して憤っているのか、その理由が分からないんですね。

それからもう一つ、過去数年、本当に沖縄が強くなった。沖縄が弱かった時は、「『差別』なんて言ったらみじめになってしまう」ということで、ただひたすら下を向いていた。

しかし、差別というのは、している側のほうがむしろ恥ずかしいのです。しかもそれが構造化していることは否定できない。解消のための努力をしてくれと主張できるようになったのは、沖縄の強さだと思っているんです。

日本と沖縄は一つになってほしい

安倍政権にも全然悪気はないと思うんです。その前の野田政権にしても悪気はなかったと思う。菅政権はある意味で沖縄のことをすごくよく分かったから、政治家は一切さわらなかった。そして官僚任せにして辺野古にV字型滑走路を建設することが決まってしまった。鳩山さんは全然分かっていなかった。分かっていなかったから、いずれは開けないといけない「パンドラの箱」をいっぺんに開けてしまった。

私は、**日本と沖縄は一緒にとどまっていてほしい**と強く思っています。かつて私は外交官だったので、帝国主義的な中国や米国や日本との枠組みの中にあって、日本の帝国主義は非常にやんわりしていると感じますし、それは、中国や米国などの帝国主義国の影響下に入るよりも沖縄にとっていいことだと思うんです。

あともう一つ、父親が日本人で母親が沖縄人ですから、私個人にとっては、父の国と母の国は一つであった方がいいという主観的な思いもあります。

第4章

むき出しの「新帝国主義」

——ウクライナ情勢

新冷戦ではなく「新帝国主義」

ここからは、主としてウクライナを扱います。
❶ウクライナ情勢と❷クリミア問題は関係していますが、別枠で捉えないと理解できません。
ウクライナ情勢について、欧米の新聞は、「ロシアと欧米との間で新冷戦が始まっている」という書き方をしていましたが、これは間違いです。

なぜなら、冷戦とは、共産主義対資本主義というイデオロギーに基づくブロック間の対立だからです。つまり、**冷戦には二つの条件が必要なわけです。一つはイデオロギー的な対立。二つ目はブロックの存在です。**

まず一番目を見てみましょう。ロシアは資本主義を取り、政治指導部が民主的な選挙によって選ばれていて、基本的な価値観を西欧諸国と共有しています。その意味において、中国や北朝鮮とは本質的に異なります。

それから、今回の対立はブロックの要素はない。ロシアの立場を支持

❶ **ウクライナ情勢**
2013年11月にEUへの加盟を目指していたヤヌコビッチ政権がロシアの強い圧力を受けて手続きを断念したことから、民衆のデモ蜂起により、14年2月に親ロシアのヤヌコビッチ政権が崩壊。5月に大統領選でポロシェンコ氏が当選した。

❷ **クリミア併合**
クリミアはウクライナ南部の黒海に突き出た半島。面積は約2万6000平方キロメートルで、南西部のセバストポリ特別市を除く半島の大半をクリミア自治共和国（中心都市シンフェロポリ）が占める。18世紀後半からロシア領の歴史があり、人口約200万人のうち約6割がロシア系住民。少数先住民族タタール人も約1割いる。セバストポリ港にはロシア黒海艦隊の基地が置かれ、ロシアの重要な軍事拠点となっている。

している国はどこにもありません。二つの条件が異なるものに対して「冷戦」という言葉を使うのは不適当だと私は考えています。

では何か――。

これは19世紀の終わりから20世紀の初めの帝国主義を彷彿《ほうふつ》とさせるような動きで、「新帝国主義」と名付けた方がいいと思います。

「帝国主義国」がゲームのルールを作る

「帝国主義」とは何でしょうか。

帝国主義国は、相手国の立場を考えずに、まず自分の利益を最大限主張します。そして相手国がひるんだり、国際社会が黙っている場合は、権益を取ります。相手国が必死になって抵抗し、国際社会も「やり過ぎではないか」と抗議すれば、譲歩・妥協します。

それは帝国主義国が心を入れ換えたわけではなく、これ以上ごり押しをすると、反発を食らって、結果として自分が損をするから一旦譲歩するにすぎないんです。また機会を狙って、権益の強化をしていこうとする。

2014年3月16日に行われたロシアへの編入の是非を問う住民投票を受け、クリミア自治共和国は「クリミア共和国」として独立を宣言。ロシアのプーチン大統領は、クリミア半島のロシア併合を決定した。

◎クリミア半島の位置

プーチン・ロシア大統領によるクリミア併合により、明らかに国際社会のルールは変わりました。第2次世界大戦後の重要なルールは、「国境線を合意なしに変更しない」ということです。自分の国の領土を相手国との合意なしに拡大しないということです。それが変わりました。

こういう時代に、今、国際社会がなっているということです。**米国もロシアも英国も、中国もEUも含めて、それぞれの外交政策は全て帝国主義的です。**

帝国主義のゲームのルールは簡単で、ゲームのルールを作る側の帝国主義国と、作ったルールに従わないといけない国々に分かれます。ゲームのルールを作るのは米国、ロシア、英国、中国、EU、そしてわが日本です。

われわれ日本人が外交を見る時の問題は、日本国家の力を過小評価していることです。

プチ帝国主義の韓国

問題は韓国です。韓国には帝国主義国のような力はありません。ただ、受動的に帝国主義国の言うことを聞いているだけにしては国力が強い。中途半端なんです。

私は「プチ帝国主義」と名付けていますが、**韓国は小帝国主義政策を採っています**。すなわち、歴史認識問題を使って、日本に対して、限定的に帝国主義政策を取るわけです。

日本以外の国々に対して韓国は丁寧であり、「新興の先進国でよく頑張っている」と、こういう感じになるわけです。しかし、日本との関係では、恐ろしく自己主張が強く、日本側のことを考えず、自己の権益を強化している。この傾向は今後ますます強まっていくでしょう。

19世紀は100年より長く、20世紀は100年より短い

第2次世界大戦がどうして始まったかについては、ナチス・ドイツの責任が大きいということで、世界中で研究者の見解は一致しています。ただ、第1次世界大戦はいまだによく分からないんです、なんであんなことになったのか。

サラエボでオーストリアの皇位継承者であるフェルディナント皇太子

夫妻がセルビア人の2人の民族主義者によってテロで殺された。これなら2週間ぐらいで決着が付く。オーストリアとセルビアとの戦争が始まった時も、巨大帝国と弱小国の戦いだから、こんなものは片づけるのに1カ月もかからない。みんなそう思ったんです。

ところが、当時の複雑な同盟関係から世界戦争になって、未曽有の大量破壊と大量殺戮《さつりく》がなされた。ですから、ヨーロッパに行くと、各村に戦没者の墓がありますが、その戦没者の墓の名前のほとんどは第1次世界大戦の戦没者です。ヨーロッパにとっては、第2次世界大戦より第1次世界大戦の方が重荷だったんです。

英国の歴史学者で❸エリック・ホブズボームという人が面白いことを言っています。19世紀は、実は100年より長い。1789年のフランス革命から始まって、1914年の第1次世界大戦の勃発までだと。理性をベースに科学技術を発展させていけば、理想的な世界ができていくという考え方が崩れたのが第1次世界大戦である。そして、20世紀は100年より短くて、1914年に始まって1991年のソ連の崩壊で終わったとしています。

また、ホブズボームは**第1次世界大戦と第2次世界大戦は区別するべ**

❸ エリック・ホブズボームの指摘

エリック・ホブズボーム著 河合秀和訳『20世紀の歴史―極端な時代』(上下巻)(三省堂、1996年)に詳説がある。

きではないとも言っています。あれは「20世紀の31年戦争」であって、間に少し休みが入っただけだとしています。これは説得力がある考え方だと思います。

では、第2次世界大戦から20世紀が終わった後、21世紀のわれわれはどうなっていくのか。

ここは全く手探り状態です。新しい時代が生まれるかと思っていたら、また20世紀の初頭みたいになっているというのが率直なところではないかと思います。

「うまくやれ」という指示

クリミア編入について、ロシアは国際社会からひどく突っつかれています。クリミアはいったん独立国となってから併合されたのですが、クリミアには「自警団」という名前の国籍不明軍（実際はロシア軍）がたくさんいたわけです。しかし、こんなところで行った住民投票や独立宣言は国際法的な効力は持ちません。

ロシア軍がウクライナに入っているのに、ロシアは「入っていない」

と言うし、ウクライナは「入っている」と言う。どういうことか。

これはこういうからくりなんですよ。

ロシア軍が兵士に「これから演習だ。正規軍は国境沿いに来い」と命令します。それで隊長が、「今から2週間、休暇を取りたい者はいないか。休暇だから、身分証とか個人的なものは全部置いていけ。さて、ここで相談だが、これからウクライナにボランティアで義勇軍に行かないか」と、こうなるんですね。ですから一応、正規軍ではないわけです。

ところが、隊長がこういうふうに言って、断れる人は多分一人もいないと思います。ですから、自発的に自由軍が全員行っているという体裁を取っている。こういうやり方についてロシア軍はいろいろなノウハウを持っていますからね。長くロシアにいましたから、そういった方法について、私は手に取るように分かります。

ところが、プーチンがそれを知っているかといえば、おそらく知らないでしょう。もしくはあえて知らないようにしていると言った方がよいかもしれません。

ロシア人は「(小声で)うまくやれ」って指示を出すんですよ。日本の外務省のロシアサークルの中でも、よく「うまくやれ」というのがあ

◎ロシア人の武装部隊で構成する「自警団」(ウクライナ・クリミア半島セバストポリ近郊)(写真／AFP=時事)

るんです。ロシアを長年担当していると、ロシア人に似た言動をするようになります。

ロシアに眠る秘密資料

「うまくやれ」では、もっとひどい話があります。

ソ連共産党中央委員会の秘密文書がロシアにはあります。その文書の中には日本共産党、社会党にソ連からカネが流れているという秘密がたくさん書かれてあるわけです。

その秘密文書を見つけてこられるのは佐藤しかいないだろうというんで、ある時、大使が私に「３日間休暇を取れ」と言った。３日間休暇を取って、自民党から代表団が来るから、個人の資格で彼らの仕事を手伝えと言うんです。

「ちょっと待ってください。それで何かあったら大変じゃないですか。私が〝戦争〟に巻き込まれるじゃないですか」

「しかし、断ると自民党との関係がもたないから」

それで、いろいろあって、結局、組織の命令として「個人の自発的な意思」として、自民党の仕事を手伝うという奇妙なことになりました。それで秘密書類が、山ほど出てきました。それからしばらくして自社さ連立政権ができたので、政治的な理由があったのでしょう、自民党の幹事長室の金庫あたりに入って、永久にそのままです。あるいは、もう捨てられてしまったかもしれない。

だから、ロシアの軍隊も日本の外務省も、いざというときは大体似たような体質で、「うまくやれ」なんて、よくある話です。

ロシアは毒蛇、ウクライナは毒サソリ

さて、では、もし完全に自由な状況でクリミアの住民投票を行ったらどうだったか。

結果は一緒です。ロシアへの編入賛成が多数を占めることは明白でした。では、どうしてプーチンは自由な環境でやらせなかったのか。「やられる前にやる」という感覚をプーチンは持ったのでしょう。ウクライナの現政権はクリミアから自治権を奪い、住民投票を絶対にやらせないとプーチンは考え、ロシア軍を現地で展開させたわけです。

日本の新聞を読んでいると、ウクライナは西側寄りで自由と民主主義を尊重している国だ、それなのにロシアにいじめられてかわいそうだという感じで見られがちですが、私はそうは思いません。**ロシアが毒蛇ならば、ウクライナは毒サソリであって、毒蛇と毒サソリが闘っている。それだけのことにすぎない。**

私はかつて「ロシアが毒蛇ならば、ウクライナは毒サソリだ」という趣旨の論考を書いたら、当時のロシア大使は「確かにそうだな」と言ったんですが、ウクライナ大使からは抗議状が来ました（笑）。「おまえは生物の専門家か。わが国をなぜ毒サソリと言うんだ」、こういう抗議が来ましたけれども、人間が怒る時は、事実無根のことを言われた時か、あるいは本当のことを言われた時か、どちらかです（笑）。

だから、われわれは毒蛇に対して、「力による国境線の変更なんてやめろ」と言うべきだけれども、同時に毒サソリを支援する必要はさらさらない。私はこう思っています。

◎ウクライナ南部クリミア半島セバストポリ沖の黒海で、潜水艇に乗るロシアのプーチン大統領（写真／ＡＦＰ＝時事）

西ウクライナの「ガリツィア」がキーワード

ウクライナ問題を見る時に、幾つかのキーワードがあります。

まず「ガリツィア」というキーワードです。新聞にもあまり出てこない、**西ウクライナのガリツィア地方**のことです。ウクライナ全体の5分の1ほどしかない地域で、収入は東ウクライナと比べると3分の1ぐらいです。

この**ガリツィア地方のナゾを解き明かすと、ウクライナ問題の根源が分かる**んです。

ヨーロッパとロシアの間にあるウクライナは、ヨーロッパがある西側に向かって行くと豊かになると思うかもしれませんが、実は、ウクライナは西に向かって行けば行くほど、貧しくなっていきます。地形的には山岳地帯です。

ガリツィアは1945年まで、ロシア帝国やソビエトの領土に属したことは一度もありません。その意味では北方領土みたいなところです。

「ウクライナ」というのはロシア語やポーランド語やチェコ語で、「クラ

◎ガリツィア地方の位置

イ」つまり「地方、辺境」という意味です。

宗教と言語がウクライナ問題の背景にある

ウクライナ人は、かつて、ロシア帝国の版図と、ハプスブルク帝国の版図の両方に住んでいました。ですから、ウクライナ人は、自分たちがロシア人かウクライナ人か、よく分かっていないところがあります。

19世紀、ロシアはウクライナでウクライナ語の公的な使用を禁止しました。ウクライナ語が教育から外され、新聞、雑誌、書籍の発行を禁止します。それで100年ほど経過すると4世代くらい替わるので、ウクライナ人のほとんどがウクライナ語の読み書きはできなくなってしまいました。農村ではウクライナ語で話をしますが、離れた村の人同士では、発音や語尾が違うので、互いにコミュニケーションすることができないんです。

一転して、戦後はウクライナ優遇政策で、帝政ロシア時代にウクライナ語を禁止していたけれども、ウクライナ語を学校で教える「ウクライナ化政策」をソビエト政府は進めるわけです。

ただし、面白いことがありまして、実はロシア語には日本語で言うところのH（はひふへほ）の発音がないんです。だから、「YOKOHAMA」は「ヨコガマ」になるんです。また、ドイツの哲学者でヘーゲルっていますよね。これはロシア語だったら「ゲーゲリ」になるんです。ですから、聞いていても誰だか分からなかったりする。

ウクライナ語にはHの音があるんです。ウクライナ語ではΓです。これに対してウクライナ語のGの音はҐで表します。ウクライナ化政策が行われていても、ウクライナ語独自のアルファベットであるゲー（Ґ）を使用することは厳禁されました。**ソ連時代は、このҐの字を使っていたら強制収容所送りになりました**。強制収容所というのは最低2年間、長いと25年。ゲーのこの文字を印刷物にしたとか手紙に書いただけで捕まって入れられるんです。

さて、ガリツィアですが、こちらは多言語主義を取っていたハプスブルク帝国の版図内にあったので、みんなウクライナ語を上手に話すわけです。ハプスブルク帝国は、ウクライナ語だけでなく、ドイツ語、ハンガリー語、チェコ語、ポーランド語もみんな平等に発展させるやり方で帝国を維持したんです。ハプスブルク帝国の版図内のウクライナ人はみんなウクライナ語を上手に話す状態が今も続いています。

宗教は、ガリツィアに関してはカトリックです。見た目は正教とほとんど一緒です。函館のハリストス正教会とか東京・神田のニコライ堂と一緒。同じような袈裟《けさ》を着て、棒を振って、聖画像、イコンがあって、お祈りしています。

宗教も、今回の事態の背後にあるんです。

実はウクライナの現政権をバチカン❹が強力にサポートしています。英国のエリザベス女王が２０１４年3月25日にバチカンに行きました。フランシスコ教皇――教会のトップ――とエリザベス女王が会うのは初めてです。エリザベス女王には二つの顔があります。一つは英国の国王です。もう一つは英国の国教会の最高指導者です。ローマ教皇と英国王の関係が改善したのはここ10年くらいのことです。このタイミングで行くのは、ウクライナ問題で英国とバチカンが共同歩調をとっているということで、非常に大きな意味があります。

---

❹ **バチカン**
ローマ教皇を元首とする世界でもっとも小さい独立国。１９２９年、イタリアとのラテラノ条約によって成立。全カトリック教会の総本山である教皇庁が所在する。イタリアのローマ市内にある。

ユニエイト教会も鍵

ガリツィアの宗教を考えるために少し歴史をさかのぼります。16世紀、宗教改革が起きました。ルターやカルヴァンたちが始めた宗教改革はものすごい力を持って、ドイツだけでなく、ハンガリー、チェコ、ポーランドを席巻するわけですね。それに対してカトリックは軍隊をつくる。この軍隊がイエズス会です。ちなみに上智大学はイエズス会系統ですね。

名前を聞いたことがあると思いますが、イグナティウス・デ・ロヨラ、フランシスコ・ザビエル、この人たちが❺イエズス会をつくり、完全に軍隊型の訓練をして、「プロテスタントをやっつけろ」と言って戦った。

これがめっぽう強い。

ポーランド、ハンガリー、スロバキア、全部を席巻した後、プロテスタントやカトリックが来たことがない地域にまで入ってきたんです。正教の神父や信者たちは、これまでの習慣を変えるのはいやだ、こう言ったんですね。

---

❺ **イエズス会**

1534年、スペインのイグナティウス＝デ＝ロヨラが6名の同志と結成し、1540年、教皇認可を受けたカトリック男子修道会。清貧・貞潔・同志的結合を重んじ、布教・教育に力を注ぐ。天文18年（1549）、同会士ザビエルが日本にキリスト教を伝えた。（※『デジタル大辞泉』より）

❻ **東方典礼教会（ユニエイト教会）**

広い意味で古代の東ローマ帝国の領土において民族主義の枠のなかで生まれた諸教会をさす。狭い意味では正教会Orthodox、すなわちビザンティン典礼を用いている諸教会のことで、（中略）全世界に約2億の信徒がいる。（後略）（※『日本大百科全書（ニッポニカ）』（越前喜六）より）

そうしたら、ローマ教皇は、「では特別の教会をつくりましょう。これまでと全く変えなくていいです。下級司祭は結婚もしてかまいません。儀式もこれまでと全く変えなくていいです。その代わり、ローマ教皇が一番偉いということと、教義で聖霊がどこから出るか――カトリック教会は父と子から出て、正教会は父から出るという細かな話があります――そこの2点だけ認めれば、今まで通りでいい」という教会をつくったわけです。

これが「ユニエイト教会」❻という教会です。これもウクライナ問題を考える時に鍵になります。

ユニエイト教会は、日本語に直訳すると「統一教会」になりますが、「統一教会」というと、日本語では独特なニュアンスがありますから、「東方典礼カトリック教会」とか「東方帰一教会」とか、そういう訳語になっています。

ところで、スターリンという人は何の教育を受けたと思いますか？　神学です。中退していますが、グルジア（現在のジョージア）の神学校で学んでいました。だからスターリンは宗教的な感覚はものすごくいいんです。

◎ソ連クリミア半島のヤルタで第2次世界大戦後の処理について話し合う連合国の主要3カ国の首脳。手前左から、ウィンストン・チャーチル英首相、フランクリン・ルーズベルト米大統領、ソ連のヨシフ・スターリン共産党書記長（ソ連・ヤルタ）（写真／ＡＦＰ＝時事）

1941年、独ソ戦が始まりました。その時の演説から、「同志諸君」と言っていたのをやめたんです。「兄弟姉妹の皆さん」と言い変えました。これは教会で神父が呼び掛ける時の言い方です。

それからロシアでは「第2次世界大戦」とは言いません。「大祖国戦争」と言います。ところで、祖国戦争とはナポレオン戦争のことです。それに「大」をつけて、祖国の危機だといって、「大祖国戦争」という名前をつけて戦います。宗教と愛国心が持つ力に対して、スターリンは敏感だったのです。

権力継承は「甥」に

すこし話題がずれますが、正教会とカトリック教会の一番の違いは、司祭が結婚できるかできないかです。

カトリック教会は独身制です。それに対して正教会はキャリア組とノンキャリア組に分けるんです。キャリア組を黒司祭と言っています。袈裟が黒いんです。この人たちは結婚できません。最初から修道院に入ります。それに対してノンキャリア組、実際に町や村で神父として仕事をする人たちを白司祭と言います。この人たちは結婚できます。

それで、結婚できる白司祭の一番偉い人、ノンキャリア組のトップと、一番出来が悪いキャリア組、これが同じランクになるようになっています。ですから霞が関のキャリア、ノンキャリアと同じような制度と思ってください（笑）。

実は独身制とよく似ているのが中国の宦官制度です。男性の急所を取ってしまう、あれです。急所を取られると物理的に子どもをつくることはできなくなりますから、権力は相続できないですよね。権力を一代限りでとどめておくという制度です。

「縁故採用」を英語で何と言うか知っていますか？「ネポティズム（nepotism）」と言います。

ネポというのは、ラテン語で「甥」という意味です。つまり、ネヒュー（nephew）です。神父が持っている絶大な権力を譲る時は、甥っ子に行くわけです。自分の兄弟の子どもに権力を譲っていく。そういうことで、縁故採用がネポティズムという言葉で表されるわけですね。

近代においても一部、宦官の制度が入っています。公務員試験制度です。公務員試験制度は、面接などで若干の情実はあるとしても、筆記試験で一定の点数を確保できないと入れません。これは社会的な宦官制度です。

ウクライナからカナダやブラジルに亡命

さて、話を戻します。

第2次世界大戦中、ウクライナはソ連の領内だったので、ウクライナ人はソ連軍に加わっていたのではないかという印象を持ちます。確かにソ連軍に200万人、ウクライナ人が入りました。

ところが、ナチス・ドイツ軍にも30万人のウクライナ人が入っているんです。ナチス・ドイツにウクライナ軍団があって、ユダヤ人を殺害しています。ポーランド人やスロバキア人やチェコ人も殺しました。**第2次世界大戦というのは、ウクライナ人が二つの陣営に分かれて闘った戦争でもあった**わけです。

このナチス・ドイツ側のウクライナ軍団の拠点がガリツィア地方です。ウクライナの新政権に入ったスボボダ（自由）という政党、この党は実はナチス協力者たちの末裔《まつえい》です。彼らは「われわれはロシアではない。

ヨーロッパ側だ。ロシア人とは絶縁するべきだ」、こういう考えです。

ステファン・バンデラという指導者がいまして、１９０９年生まれで、反ロシア、反オーストリアの運動をして、ウクライナの独立国家を造ろうという運動をしていました。

そうするとヒトラーが、「こいつは使える」と考えて、「ウクライナ独立国家をナチスが造るから、協力してくれ」と言って手を握るわけです。ウクライナ人たちは、「自分たちの独立国家を造るぞ、ウクライナ解放だ。ソ連の赤軍を追い出せ」と言って戦ったんです。結構強くて、キエフを占領した。

ところが、占領した後、ナチスは、ウクライナ人を労働力として使った。「ウクライナ人は奴隷だ。劣等人種だ」と本性をむき出しにした。バンデラはそれに抵抗するわけです。それでドイツの収容所に入れられてしまう。

１９４５年にソ連赤軍が入ってきます。その時に、ガリツィア地方のユニエイト教会はロシア正教会に強制併合されました。カトリックにとどまりたい人はシベリアの収容所にぶち込む。激しく抵抗する者は殺す。ナチス・ドイツ側の軍団に加わった指導者は皆殺し。そこに協力した家

◎ステファン・バンデラの肖像を掲げ、たいまつを手に行進する国粋主義者たち（ウクライナ・キエフ）（写真／EPA＝時事）

族は、協力の程度が低ければ東ウクライナに強制移住、もしくはシベリアに強制移住。協力の程度が高ければ強制収容所行き。こういう政策を取ったんです。

それで、ガリツィアの人々が「ふざけるな。われわれはウクライナ人だから、ウクライナ国家を造る」と武装反ソ闘争を十数年続けるんです。あのソ連の秘密警察と軍隊をしても、1950年代後半になるまで、これを抑えることができなかった。

ソ連もそこで政策を変えるわけです。ウクライナ人をいじめ過ぎた。例えば、戦前、農業集団化をやろうという時に、ウクライナから400万人ぐらい餓死者が出た。あまりに飢えがひどくなって、肉屋で人間を吊るして、人間の肉を切って販売している写真が残っています。ソビエト政権が入ってきた頃は、それぐらいまで追い込まれたわけです。

さて、収容所にいたバンデラも戦争末期に米軍によって解放されます。その後、西ドイツに逃れて、ソビエトに占領されたウクライナを解放する武装闘争を国外から指導します。そして1958年、西ドイツでソ連のKGB（国家保安委員会秘密警察）が放った刺客によって殺されます。

1958年の秋、ミュンヘンで、バンデラが家の前を歩いていた時、撃ち殺されました。どうしてこのことが明らかになったのか。殺した犯人がその後、米国に亡命します。それでバンデラ殺しの話が表に出てきたんです。

バンデラ死後、ウクライナでは独立運動がなくなります。西ウクライナの独立運動をやっていた人は、ソビエト政権が入ってきたら、収容所に送られるか殺されるかどちらかしかない。それで亡命するんです。**ソ連との関係悪化を恐れて、ヨーロッパ諸国は亡命者を受け入れない。米国も受け入れない。結局受け入れたのはカナダとブラジルです。**

ブラジルに行ったウクライナ人たちは、ブラジルでポルトガル語を覚えて現地にすぐに同化しました。カナダがウクライナ人たちに与えた町はエドモントンです。この土地は、冬にマイナス40度から50度になる、人間が住めるはずはないような過酷な町です。ここを中心にウクライナ人たちは助け合って生きてきたんですね。

ですから、ウクライナ問題に関して、G7の中でもカナダが一番最初にモスクワから大使を召還しました。カナダが一番厳しい姿勢でロシアを非難しているんです。それは、西ウクライナの民族主義者たちとつながっている人たちが、かなりの数、カナダにいるからです。

望郷の「ナショナリズム」

現在、カナダにウクライナ系は120万人います。そしてその120万人はウクライナ語を話します。カナダで一番多く話されている言葉は英語、その次がフランス語、3番目がウクライナ語です。

ロシアには統計上、210万人程度のウクライナ人がいますが、ウクライナ語はほとんど話せない。米国には統計上、89万人のウクライナ人がいます。この人たちもほとんどはウクライナ語を話せません。

カナダのウクライナ人は、ウクライナ語を話すことができて、ユニエイト教会の信者が多い。

民族問題の学術的な用語に「遠隔地ナショナリズム」という言葉があります。自分が住んだことがない、しかし心の中にある自分のルーツが美化されて、そこに献身的に働き掛けるというものです。それが往々にして民族問題を複雑にします。

その一番の例が北アイルランドの反英武力闘争です。

あれは米国にいるアイルランド系の移民たちがアイルランド共和国に

資金援助を行ったわけです。テレビドラマの「刑事コロンボ」シリーズで、成功したアイルランド系の実業家がテロを支援している、それに関連して殺人を犯すという回がありましたが、あれ、なかなかよくできています。

これと同じことがカナダとウクライナの関係でもあるんです。

１９８０年代の終わりまで、ガリツィア地方は外国人に対して大変厳しく閉鎖されていました。その後、ゴルバチョフが「ペレストロイカ❼（改革政策）」を進めて、外国人も自由にガリツィアに入れるようにしました。当時、ソ連経済は混乱していました。高校の先生の１カ月の給料が５００円くらいです。５０００円ではありませんよ、たった５００円。ルーブルは暴落していました。

カナダでは、ごく普通の労働者でもひと月の賃金が25万円とか30万円あるわけです。そうなると、自分の親戚や反ソ運動をやっている人たちに、３００ドル、５００ドル、あるいは１０００ドルのカンパをする。そうすればそのカンパでみんな活動できるわけです。

---

❼ **ペレストロイカ**

ソ連のゴルバチョフ政権が１９８６年以降に推進した改革政策のスローガン。再編などの意味を持つ。グラスノスチ（情報公開）とともに激動のソ連史を飾るキーワード。自由が広がった一方、混乱ももたらし、冷戦の帰結としてのソ連崩壊につながった。

誰が「米びつ」を取るか

さて、ウクライナの問題が激しくなったのは、2014年2月にクーデターがあり、権力を取った人たちが、「ウクライナの公用語をウクライナ語だけにする」と言ったからです。

ウクライナ新政権に対して、ハリコフなどで親ロシア派の大きなデモが起きました。あれはロシアが後ろで煽っているのではないかと言われましたが、ロシア政府に数十万人のデモを組織して煽るような力はありません。なぜあれだけのデモが自然発生的に起きたのか。

これは「誰が米びつを取るかの話」なんです。

今、ドネツク州とかルガンスク州、戦争をやっているウクライナの東部では、8割以上の人はロシア語しか話せません。ウクライナ語はできません。先ほど確認したように、ガリツィア地方以外のウクライナ人が、特に東部や南部にいますが、宗教はカトリックではなく正教です。つまり、自分がロシア人なのかウクライナ人なのか、よく分かっていない。

そうすると、**ウクライナ語ができない人たちは皆公務員をクビになる**

んです。国営企業も多いのですが、そうした企業でも管理職以上は全部、ウクライナ語の文書で指示書を読んだり、行政上のやりとりをしたりしないといけないから、ウクライナ語ができないとポストから外されたり、会社から放り出されたりするわけです。

そのクビになったところに、西ウクライナから若いお兄ちゃんたちがやって来て、市の副市長とか、企業の部長になったりして、もともと住んでいた東ウクライナの人たちは言葉が必要とならない労働に従事することとなる。それではかなわない。だからあんなデモになったのです。

東ウクライナの人たちはもともと政治にはあまり関心がないんです。非常に保守的です。ところが、自分たちの「米びつ」が取られる、自分たちの生活基盤が無くなると困るので、行政府、市役所や県庁などを占拠するわけですね。

普通、そういうふうに占拠したら機動隊を導入して解体すればいいのに、ウクライナ政府は何をやったかといったら、「あいつらはテロリストだ」と言って空爆したわけです。

「飛行機が飛んでくるのなら、対抗するためにミサイルを準備する。それで今のような混乱状態になってしまったのです。

◎ウクライナ東部ハリコフで、治安部隊と衝突する親ロシア派デモ隊（ウクライナ・ハリコフ）（写真／ＥＰＡ＝時事）

兵器産業、航空機産業もウクライナにあった

それからあともう一つ、複雑な要素があります。実はウクライナ人とロシア人は、ウクライナ、ロシアという民族的な帰属が自分たちでもよく分かっていないような状態ですから、よもやウクライナ人がロシア人に牙をむいてくることはないと思っていたわけですね。

ウクライナの東部や南部には、ロシアの航空産業、ミサイル、宇宙産業、それからさまざまなロシア仕様の兵器工場があり、ウクライナの管轄下にありますが、実際は完全にロシア仕様であって、ロシアの軍産複合体と専門家が当然行き来しているわけです。

ウクライナが仮にEUに近づくと、その先にはNATOがあります。NATOに入るとなると、その**ロシア仕様の兵器に関する情報が全部米国に流れてしまいます。それはロシアの国防上、死活的な利益に関わる**とロシア人は考えます。

ウクライナは独立国ですから、それをやろうと思えばできるんですが、軍産複合体はキエフの政府のグリップが利かないところです。むしろモ

◎ウクライナのポロシェンコ大統領が視察したドニプロペトロウシクの国営企業のロケット工場（写真／EPA＝時事）

スクワのグリップが結構利いていたわけです。

つまり、ウクライナがEUに近づくことに対してなぜあれほどロシアが反発するかといえば、それはNATOに機密が流れることを意味しているからなんです。

それから、ヤヌコビッチ政権が親ロシア派だという言い方も間違っています。ヤヌコビッチもEUと一緒にやろうとしたんです。ヤヌコビッチ政権はロシアとEUを手玉に取って、どちらからより多くのカネを引き出すことができるか。そしてその引き出したおカネを、自分たちのグループでどうやって分配しようかと考えていた腐敗政権です。EUの方がより多く出すのなら、EUに行っていましたよ、あの男は。

不正蓄財は「文化」

ちなみに、「美しすぎる政治家」などと言われたユリヤ・ティモシェンコ、この人は不当に弾圧されていたという話です。

どういう意味で不当かというと、前のユシチェンコ大統領から、ヤヌコビッチ大統領も含めて、ウクライナの政府の高官や権力者全員、不正

◎ウクライナのヤヌコビッチ元大統領（写真／AFP＝時事）

◎ウクライナのユリヤ・ティモシェンコ元首相（写真／AFP＝時事）

蓄財しているわけですね。不正蓄財はウクライナ政治エリートの文化なんです。

それにもかかわらず、ティモシェンコだけが捕まって投獄された。その意味では不平等です。ただし、彼女が不正蓄財していなかったというわけではないんです。ですから冤罪《えんざい》ではない。ほかの人が見逃されたのに、なんで私だけと、こういう問題です。

だから、ティモシェンコが出獄してきた日のことを日本の新聞で読むと、すぐに大統領選挙に出てくるだろう、彼女による新政権が出来るというようなことが書いてある。しかし、すぐ分かったじゃないですか。翌日から彼女は消えてしまいましたよね。どうしてか――。

あの時の広場の映像、ロシアのテレビや、ウクライナのテレビをインターネットで見ることができます。見てみると、歓迎されてはいない。むしろ民衆は動揺しているんですよ。なんで今ごろ出てきたんだと。だから、このままでは殺されると思って、ドイツに逃げてしまったんです。また戻ってきましたけど、いずれにせよ彼女にはチャンスがないです。

しかも、ティモシェンコが親西洋派だというのも、新聞の論評でしか

◎キエフ郊外にあるヤヌコビッチ邸の豪華な内部（ウクライナ・キエフ郊外）（写真／AFP＝時事）

ないわけです。ユシチェンコ大統領が親西洋政策をとった時、当時首相だったティモシェンコはロシアとの関係を重視してプーチンと直接交渉して、ロシアに有利なかたちでガス価格の改定をしました。親ロ派の政治家と、当時の新聞は書いています。

ウクライナにおいては、政治家は常に自分の利益を追求し、親ロにもなれば親ＥＵにもなるんです。それ以上でもそれ以下でもない。

結局、**ソ連崩壊後、まともな市民社会が成立せず、まともな言論機関も成立せず、自らの権力を使って不正蓄財していくという、破綻国家みたいな体制**がウクライナでは改まっていないのです。

２０１４年から15年にかけて日本政府は２３１０億円も投入しましたが、これは民衆には行き渡りません。どこかに消えて溶けてしまいます。ただ、カネをドブに捨てることにはならないかもしれない。ウクライナの腐敗政治家たちは何のエサもなくなると何をしでかすか分からないですから、言ってみれば「毒サソリのエサ代」です。

◎ウクライナのユシチェンコ元大統領（写真／ＡＦＰ＝時事）

独仏介入の裏には

この状況下で、ウクライナ情勢をどうするか、このままではいけないということで、2015年2月11日から12日にかけて16時間以上、ドイツのメルケル首相、フランスのオランド大統領、ウクライナのポロシェンコ大統領、ロシアのプーチン大統領、この4人が膝を突き合わせて議論をした結果、最終的に停戦合意がなされました。

この停戦合意には、ロシアとウクライナと欧州安保協力機構（OSCE）、それからウクライナの親ロ派の代表者が署名しました。

なぜこういう合意が出てくるか——。

今までウクライナはドイツの「裏庭」でした。ウクライナの利権と影響力をめぐって、ドイツとロシアはかつて2回の戦争をやったわけです。そこで両方とも決定的に傷つきました。ですからもう戦争はしたくない。

それから、ウクライナを経由してドイツにはロシアから天然ガスが来ている。これはロシアの産業にとって死活的に重要です。

フランスはこの問題に関しては、それまであまり関心がなかったんです。ところが、今になって身を乗り出してきてウクライナの問題を解決しようとしています。これは、「イスラム国」が深刻になってきたからです。ロシアも「イスラム国」とは闘っているわけです。ヨーロッパの人たちは「とにかくウクライナとの関係については収めろ。なんでもいいから収めてしまえ」、ということなんです。

ウクライナ停戦合意は「ロシアの勝ち」

2月12日の合意の内容を見ますと、ロシアの勝ちです。

2014年9月19日に一度、停戦協定を結んでいるわけですね。その時、ウクライナは、東部のルガンスク、デバリツェボ、ドネツク、マリウポリなどを結ぶ線のところで、境界線を引かれました。❽そこから西側がウクライナの支配地域です。その後、親ロ派が攻めて、さらに西側にいるんです。

今回の停戦合意をどう見るかというと、ウクライナ軍がさらに西側に下がるということなんです。重装備をここから下げていく。ロシア軍と、親ロ派が東側に撤退していくということはないです。

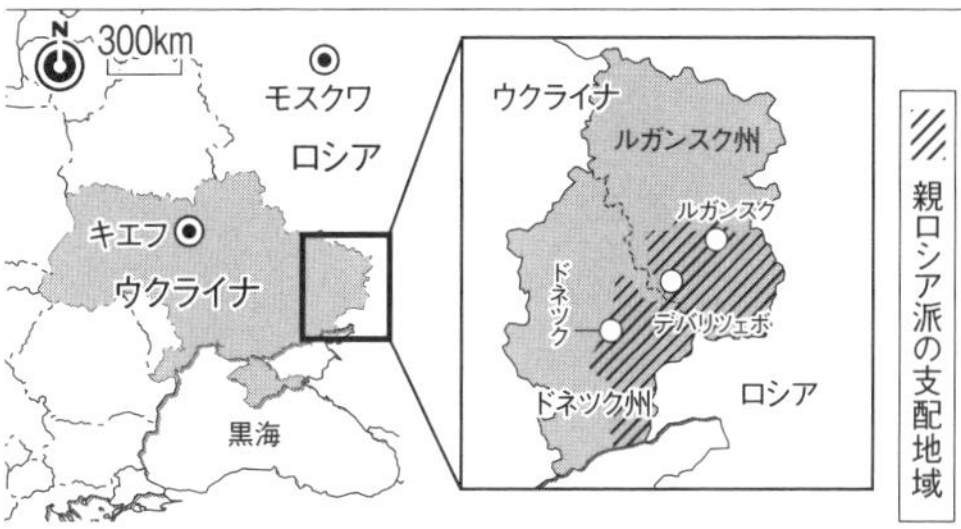

❽親ロシア派の支配地域（斜線部分）から、さらに西側に勢力を伸ばした。（2015年2月3日現在、ウクライナ国防省発表を基に作図）

といういことは、**結局、親ロ派にとって有利な解決です**。親ロ派がこの有利な解決を受けて、かえって勢いづいたんです。「もっとやれ。この要衝を完全に押さえれば、完全にウクライナの東部に新しい国をつくることができる」と。プーチンはウクライナのポロシェンコに憲法の改正まで約束させています。ということは、ウクライナはロシアとドイツとフランスに「おまえ、言うことを聞け」と16時間脅されて、それを丸飲みしたような状態です。

互いに納得いくまでやるしかない

この種の紛争は、あえて乱暴なことを言うと、当事者が殺したいだけ殺し合わないと解決しないんです。「もうこれ以上やる必要がない。もう殺されるのはいやだし、これ以上はできない」と両方が本格的に思ったところで、おのずから境界線は引かれます。

自然に決まったところの線で停戦を実現させれば、ウクライナの問題は片付く。問題はその後、米国とヨーロッパとロシアが提携して「イスラム国」対策をできるかどうかです。

ウクライナ情勢について、日本では長い時間の会談があったということと、「なんかウクライナってもめてて大変だね」「親ロ派勢力は相当乱暴なことをしているんだね」という印象しか出てこないんですが、**最大の問題は、米国がこの合意過程に全く入っていないこと**です。

これだけ大きな国際問題について、米国が関与していないということは、これまでありませんでした。

実はドイツと米国の関係が非常に微妙になっているんですね。

米独の「微妙な関係」

2014年7月、不思議なことが起きました。ドイツの首相府が記者会見をやりまして、「資格にふさわしくない行為を行ったので、ベルリンの米大使館のインテリジェンス（情報）責任者を国外に追放した」という発表をしました。

それから、❾スノーデンが暴露したファイルで、アメリカのNSA（国家安全保障局）がメルケル独首相の電話を盗聴していることが明らかになりました。

---

❾ **エドワード・スノーデン**
米国の情報監視活動を暴露して訴追された元中央情報局（CIA）職員。パスポートが失効してモスクワの空港から第三国に渡航できなくなり、ロシアに一時亡命を申請。2013年8月1日に認められてロシアに入国した。

その後、独憲法擁護庁（憲法擁護庁という名前になっているが、実態はドイツの秘密警察）が独連邦情報局（ドイツの対外インテリジェンス機関）の職員を1人、ドイツの国防省の職員を1人逮捕しました。どういう理由かといえば、機密情報を米国に渡したということです。**友好国同士でのスパイ活動が摘発されるというのは珍しい**。そもそも友好国ではスパイ活動をしない。友好国というか、NATOに入っていますから同盟国です。

仮にそういったことがあったとしても、通常は裏側で処理するんです。ところが、裏側で処理しないで、この話が表に出てきた。なおかつ、スパイ活動ですから、ドイツ人が米国人に情報を渡しているわけです。でも、米国人は逮捕されていない。どうしてだと思いますか？

ここに実は深刻さが表れているわけです。逮捕できない人がスパイ活動しているということなんです。

逮捕できないということは外交官です。

外交官は外交特権がありますから逮捕されません。ただし外交官は任国の法令を遵守しないといけないわけです。米大使館員がドイツ領土でドイツを相手にスパイ活動をしていたという事件が表側に出てきたのです。

　こういうことが起きていますから、ドイツと米国の間では緊密なインテリジェンス、情報協力ができる状態にないのです。

　スパイというのは何か見えないところで活動していると思われがちですが、違います。スパイは大体外交官待遇です。従って外交官カバー（偽装）のスパイは絶対に逮捕されません。外交官カバーであれば、何かトラブルが起こってもよほどのことがない限り、国外退去はありません。東京でも、米、英、独や、ロシア、イスラエル、イランでも、情報機関が大競争をやっているんです。

　大体、外交官のランクで言えば、参事官か一等書記官、そうしたランクの外交官が、実際は大使と同等のレベルの情報活動をやるわけです。

　外交の世界では、偉い方から数えていくと、大使、公使、参事官、一等書記官、二等書記官、三等書記官、こういう順番があるのですが、大使並みの活動をさせておきながら、どうして参事官級にしておくのか。

　それは、もし情報機関の人間が事故を起こしたり、スパイ事件が起きた時に、大使や公使を追放すると、国家間での抜き差しならない大きな話になってしまうからです。だから、比較的影響が少ない参事官、一等書記官のような中堅以下の外交官のランクがあてがわれます。

この件では、突出した個人が勝手にやったのではなくて、米国のCIA本部の命令でやったということがはっきりしている。しかも、その事実を世界に発表してしまった。

情報機関が話を外に出すというのは、極端な話、「開戦前夜」みたいな話なんです。従って、ドイツ、米国は緊張していると見ていい。

メルケル独首相の本当の姿

では、なぜここまで大変なことが起きるのか。

これは**米国がメルケル独首相を疑っているから**です。ドイツは米国と一緒に、口先ではウクライナ問題でロシアに制裁を加えると言うけれども、本当にやる気があるのかどうか、ここを疑っているわけです。

ちなみに、メルケルについて、どういうイメージを持ちますか？

彼女は東ドイツ出身だけれども、お父さんは牧師です。牧師の娘だから、共産主義体制とは非常に関係が悪かった。むしろ自由を非常に愛好する人だというイメージで捉えられますよね。所属している政党も保守

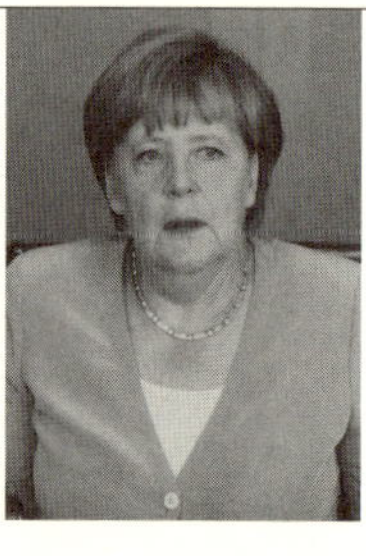
◎ドイツのメルケル首相
（写真／AFP＝時事）

系のキリスト教民主同盟です。ところが、事態はそんな簡単なものではない。

実は東西ドイツの関係は教会に関しては複雑です。メルケルのお父さんはプロテスタントです。1960年代の末まで、ドイツのプロテスタント教会は東ドイツと西ドイツの教会は一緒でした。国は分かれていたけれども、教会の人事異動は東西で行われていたんです。ですから牧師は東西ドイツの両方を自由に行き来することができました。「ドイツ福音主義教会」という大きな合同教会があったんです。

1960年代末に、東ドイツと西ドイツの教会が分裂します。東ドイツに「ドイツ民主共和国福音主義教会同盟」というのができます。その時に、メルケルのお父さんはもともと西ドイツから来た人で、西ドイツに帰るかどうか選べる機会があったんですけれども、東ドイツに残ることを選びました。つまり、体制に協力的な左翼の牧師だったのです。

牧師の娘は普通、ドイツの共産党系の組織である「自由ドイツ青年団」には参加しません。ところが、自由ドイツ青年団にメルケル自身は入っていたんです。彼女はロシア語も上手です。だから、メルケルとプーチンが会うと、**プーチンはドイツ語を話せるし、メルケルはロシア語を話**

せますから、２人ともロシア語とドイツ語の掛け合わせで通訳を通さず話ができるんです。こういう背景があります。

だから米ＣＩＡはもともとメルケルに対して「**この人は、価値観としてはむしろ共産主義に近い人ではないか**」という疑いを持っているわけです。だから盗聴も続けていたのです。

メルケル―プーチン秘話

ちなみに米国がドイツを盗聴しているという件では、こんな話があります。

２０１４年９月、森喜朗元首相がモスクワに行きました。その前に、私、森さんに呼ばれて、ちょっと会ったんです。

「佐藤君、今、プーチンと話す時に、何が一番重要な話になるかな」

「やっぱりウクライナ情勢でしょう。ウクライナ情勢で国際関係が緊張してから、安倍さんとプーチンさんは一度も会談していないし、安倍さんは電話すらしていない。そのことについてプーチンは、『ロシアと真面目に付き合う気があるのかな。アベとの間で成立している個人的な

◎会話するロシアのプーチン大統領とドイツのメルケル首相（写真／ＥＰＡ＝時事）

信頼関係というのは本当にあるかな』というクエスチョンマークを持っているると思います。ですから、この点について、何らかのアクションが必要です」と言ったんです。

そうしたら森さんがこういうことを言うわけですよ。

「いや、それについては実は安倍君と話した」

「それで総理はなんと言っておられたんですか」

「実は、自分から電話したいんだけれども、電話が米国によって聴かれている。そういう状況では電話ができない」と言った、と。

それで私は森さんに言ったんです。

「この話、プーチンに直接、話した方がいいと思いますよ。その時に、外務省の通訳と記録係が入っているでしょうから、外務省の記録係に『この部分は報告する必要なし』と言った方がいいです。それでも外務省の記録係は裏の報告を作って送りますけどね。私は昔やっていましたから（笑）。しかしそういうパフォーマンスを示した方が、プーチンとの関係では信頼度が増すでしょう」と、ざっとこんな話をしておいたんです。

森さんがモスクワから戻ってこられてから、

「いや、あの話をしたら面白かった。プーチンはこういうふうに言った」といって、プーチンの発言を教えてくれました。

「メルケルとの電話の後、いつもメルケルはこう言う。『米国には報告しないでいいわよね、聞いてるから』」と（笑）。そうしたらプーチンが、「**そうそう。（米国の方は）よく聴いておいてください**」と答えるんだと言っていたそうです。

「聴かれていることを前提で話をすればいいんだから、心配しないで電話をかけてくれ」ともプーチンは言っていたそうです。

それで安倍さんの誕生日にプーチンから電話がかかってきたでしょう。その後、プーチンの誕生日に安倍さんから電話をしました。

その前には、こんなやりとりが森さんを通じてあったわけです。

第5章

世界をゆるがす「イスラム国」

——狙いは世界イスラム革命

「イスラム国」とコミンテルン

「イスラム国」の狙いは何か――。

イスラム原理主義者はこう考えます。アッラー（神様）は1人だから、それに対応して地上でもシャリーア（イスラム法）が適用される、たった一つのイスラム帝国を造らないといけない。

ちなみに、こういう考え方は歴史上、何度か出てきているものです。比較的最近では、国際共産党（コミンテルン❶）がそうです。実は**「イスラム国」というのは21世紀のコミンテルンなんです**。今は初期の国際共産主義運動と非常に似たことを「イスラム国」はやっています。

1917年11月にロシア革命❷が起きました。共産主義の考え方では、全世界で共産革命を起こすことが目的です。資本家を廃止して、プロレタリアートによる支配を確立しないといけない。その時が来れば「労働者に祖国はない」とマルクスは言っています。つまり、全ての国家をなくすという運動です。

ところが、革命は遅れたロシアで起きた。レーニンもトロツキーもス

---

❶ **コミンテルン**

1919年、レーニンの率いるロシア共産党を中心とする各国の共産党および左派社会民主主義者グループによってモスクワで創設された国際的な労働者組織。ソ連共産党指導のもとに世界革命を目ざす急進的な政策をとったが、1943年、ソ連の政策転換によって解散した。（※『デジタル大辞泉』より）

ターリンも、ドイツやフランスでも革命が起きないとロシア革命は生き残ることができないと考えていた。ドイツとハンガリーで革命が起きたけれども、すぐに鎮圧されてしまった。どうしたらいいだろうか。

そこで、1919年にコミンテルンという組織を作って、世界に革命を輸出することを考えたわけです。ちなみに日本共産党は「国際共産党日本支部」として誕生しています。ドイツ共産党も「国際共産党ドイツ支部」です。

そういう状況の中で、まずはロシアを固める。1922年にロシアを中心に新しい「ソビエト社会主義共和国連邦」（ソ連）という国を造ります。

ソ連ができる前の革命ロシアは、「国際法はブルジョワが作ったものだから守る必要はない。自分たちがやりたいように革命をやる」、こう言っていました。

ところが、そういったことはできない状況になって、「コミンテルン」と「ソ連」を使い分けます。「ソ連としては国際法を守ります、各国の内政には干渉しません。コミンテルンがやっていることはソ連とは関係ありません」、こういう二枚舌を使うわけです。

---

❷ **ロシア革命**
20世紀初頭のロシアに起こった一連の革命。第1次革命は、ロマノフ朝の専制支配に対する不満を背景に、1905年1月の血の日曜日事件を機として起こり、全国ゼネスト、戦艦ポチョムキンの反乱などで頂点に達したが、国会開設勅令の発布やモスクワでの武装蜂起の失敗により鎮静化した。第2次革命は、第1次大戦での敗北や社会不安から、1917年3月（ロシア暦2月）に労働者や兵士が蜂起、帝政を打倒してケレンスキーの臨時政府が成立。さらに、11月（ロシア暦10月）、レーニンの指導するボリシェビキがプロレタリア独裁を目ざして武装蜂起し、史上初の社会主義政権を樹立した。（※『デジタル大辞泉』より）

しかし、その後、ナチス・ドイツが出てきて、共産主義革命どころではなくなった。ナチスにソ連がやられるかもしれない。コミンテルンは最終的に、１９４３年、戦争中に解散するわけです。独ソ戦が始まってからコミンテルンは機能しなくなった。

これから「イスラム国」もだんだん「ソ連」みたいになっていくでしょう。そしてコミンテルンとの使い分けをしたように、「イスラム国」の存続とこの人たちが目指す革命との使い分けをしていくでしょう。

「イスラム国」は本気

「イスラム国」は本気です。

２０１５年２月１日にインターネットサイトに投稿されて出た画像で、黒装束のテロリスト、「ジハーディ・ジョン（聖戦士ジョン）」と呼ばれている男がこう言いました。

「日本政府よ、邪悪な有志連合を構成する愚かな同盟諸国のように、おまえたちはまだわれわれがアッラーの加護により権威と力を持った神の国家であることを理解していない。軍、全てがおまえたちの血に飢え

◎ジハーディ・ジョン（米テロ組織監視団体ＳＩＴＥ提供）（写真／ＡＦＰ＝時事）

ている。アベよ、勝ち目のない戦争に参加するという無謀な決断によって、このナイフはケンジだけを殺すのではなく、おまえの国民はどこにいたとしても殺されることになる。日本にとっての悪夢を始めよう」、こう言ってから後藤さんの首にナイフを当てたわけです。

「イスラム国」の狙いはここに率直に出ています。繰り返しますけれども、「世界イスラム革命」です。

アッラーの法、シャリーアのみが支配するカリフ帝国を、21世紀の世界に本気で建設しようとしている。この目的を実現するために、暴力やテロに訴えることも躊躇《ちゅうちょ》しないということなんです。

アルカイダと「イスラム国」は内ゲバをしている

「佐藤さん、新聞を読んでいると、アルカイダと『イスラム国』は仲が悪いらしい。互いに関係はないと言っているけど、実際のところは、どうなっているんだ」とよく聞かれます。

関係はあります。あえて言うならば、過激派の中核派と革マル派みたいな関係です。もともとは同じ陣営に属していたけれども、途中から殺し合いをするようになった。

アルカイダというのは「ウイルス」と一緒で、どんどん進化していくんです。最初のアルカイダにはウサマ・ビンラディンという指導者がいました。その指令に従って、米国・ニューヨークのツインタワーと米国防総省（ペンタゴン）などをターゲットにして、2001年9月11日に自爆テロ攻撃しました❸。

アルカイダは、ウサマ・ビンラディンが指令をしているわけですから、実行犯の方からたどっていくと、必ず指導者に行き着くわけです。それで、ナンバー2だったザワヒリという人間を残して、幹部全員が米国によって殺されました。**米国は「カウボーイの国」ですから、やられたらやり返すんです。**ウサマ・ビンラディンだけでなく、アルカイダは中堅幹部を含めて全員殺されています。

イスラム教早分かり

その前にまず、アルカイダと「イスラム国」の関係について、新聞を

❸ **米同時多発テロ**
2001年9月11日、米国上空で民間航空機4機がほぼ同時に乗っ取られ、ニューヨークの世界貿易センタービル、ワシントンの米国防総省ビルに突入した史上最悪のテロ事件。

◎ザワヒリ容疑者（米テロ組織監視団体SITE提供）（写真／AFP＝時事）

読んでいてもよく分からないことがあるので、少し整理しましょう。

イスラム教は何かという本はたくさん出ていますが、読んでもよく分からない。ここでは、実務家の観点から必要な知識だけを簡単におさらいします。

イスラム教にはスンニ派とシーア派があります。スンニ派が主流派です。今、問題となっているテロはこの主流派のテロです。

シーア派については、イランの国教である「12❹イマーム派」というグループのことだけ考えておけばいいのですが、今は脅威にはなっていないので、とりあえず忘れておきましょう。

実はシーア派には、インドの方に「7イマーム派」とか、シーア派を自称しているけれども、シーア派と少し違うような山岳信仰が入った、バッシャール・アサド・シリア大統領が属している「アラウィー派」とか、いろいろ細かいグループがあります。しかし、この少数派もとりあえず脇へ置いておきましょう。

主流派のイスラムはスンニ派で、そのスンニ派は四つの法学派に分かれています。

1番目はハナフィー法学派、これはトルコで強いです。

---

❹ **12イマーム派**
イスラム教シーア派の中の一派。シーア派のなかで最大の信者を持ち、サファビー朝以来イランの国教とされ、そのほかイラク、レバノンなどに信者がいる。預言者ムハンマド（マホメット）の従兄弟かつ女婿のアリー（600ころ～661）に始まり、ムハンマド・マハディーに至る12人をイマーム（教主）と認めるところに、その名は由来する。最後のイマームが874年に突如人々から身を隠して（ガイバ）以来、この「隠れイマーム」がふたたび出現し、正義と公正で世界を満たすことを待ち続けている。（後略）（※『日本大百科全書（ニッポニカ）』（鎌田繁）より）

2番目がシャーフィイー法学派、これはインドネシアで強いです。それからロシアの北コーカサス、チェチェン、イングーシとかダゲスタンで強いです。

3番目、マーリキ法学派、これはエジプト、チュニジア、モロッコ、マグレブ諸国です。アフリカの北の方で強いです。

この三つの法学派は忘れていいです。どうしてかというと、世の中の事柄や、世俗の人たち、他宗教との折り合いをつけられるグループだからです。その土地の文化や伝統を尊重することができます。キリスト教や仏教やユダヤ教の人たちとも仲よくすることができるんです。ですから、この三つの法学派に属している地域では問題が生じにくい。

4番目にハンバリー法学派というのがあります。過激派の95%以上はここから出ています。

これは原理主義そのもの。世の中の全てのことはコーラン❺とハディース❻（ムハンマド伝承集）という本の中に書いてある。それさえ読めば、世の中のことは全部分かるし、その指示は出ているという考え方をします。ハディースというのは、伝承のことですから、ある人がこの話をその前の人から聞いて、その前の人はさらにその前の人から話を聞いてと

---

❺ **コーラン**
イスラム教の聖典。ムハンマド（マホメット）が天使ガブリエルを通して受けたとされるアッラーの啓示を集録したもの。アラビア語で書かれ、信徒の信条・倫理的規範・法的規範などを特異な散文詩体で述べる。114章からなり、ムハンマド没後に結集された。（※『デジタル大辞泉』より）

いうふうにして、最後、「…とムハンマドが言った」という、ムハンマドの発言の前に、たくさん前提がついているもので、それで、確かに預言者がこう言ったという、預言者の言行録です。

だから、「イスラム国」が主張するような、「異教徒の女性を奴隷にしても構わない」なんていうことも、戦争で女性・子どもを殺してはいけないけれども、「女・子どもを殺さなくては闘いに勝てない時は、殺しても構わない」とか、こういう考え方は、ハンバリー派の解釈から出てきやすいわけです。

これについて知りたい時は、岩波文庫からコーラン、中公文庫からハディースが出ていますから、それを読んでください。とにかくコーランとハディース、この二つに世の中の真理は全部書かれているという立場です。

だから、「世の中が一番正しかったのは6世紀だ。ムハンマドが現れたあの時期が一番いい時期だ」、こういうことになるんですね。時代を経れば経るほど、人類は退化していくという思想です。

---

❻ハディース

一般には「物語」「報告」を意味するが、イスラム用語としては預言者ムハンマド（マホメット）の言行の記録、あるいは記録集をさし、「伝承」と訳される。預言者の言行それ自体はスンナ（預言者の範例）とよばれるが、ハディースはスンナの正式な記録として一定の形式をもつもので、「イスナード（伝承者の系譜）」と「マトン（本文）」からなり、スンナが本文をなす。預言者の没後も、預言者を直接に知る世代にとっては、スンナはハディースという形式をとる必要もなく口伝され、また初期イスラム共同体の慣行のうちに言語化されない形で存在していると考えられていた。そこからしだいに発展した初期（7世紀末まで）のハディースにはイスナードをもたないものも多い。（後略）

（※『日本大百科全書（ニッポニカ）』（小田淑子）より）

下降史観の考え方

「ムハンマド[7]が生まれた頃のアラビア半島が一番よかった」という考え方はどういうものか――。

われわれは、時間がたつとともに物事は進歩すると考えます。ところが、日本人を含めて、**時間がたてば進歩していくという考えは、ここ200年ぐらいの「流行」にすぎないんです**。進歩というのは、むしろフランス革命以降に出てきた考え方です。

例えば「初心忘るべからず」とことわざで言いますよね。そのように「初心」の方が正しいという考え方もあります。そこでは、時間の経過とともに、事態はだんだん悪くなってくる。こういう考え方を「下降史観」と言います。

明治維新はどうして「明治革命」ではないのか――。「維新」というのは過去に戻ることによってよくなるという考え方です。ですから明治維新の時に議論になりました。

われわれはどこまで戻ればいいのか。建武の中興に戻ればいいのか、

---

[7] **ムハンマド**
[570ごろ~632]イスラム教の創唱者。メッカに生まれ、神アッラーの啓示を受けて伝道を始める。厳格な一神教を唱え、偶像を厳しく否定したため迫害を受け、622年にメジナに移り（ヒジュラ）、イスラム教団発展の基礎を確立。630年メッカ征服の後、勢力はアラビア半島全域に広まった。（※『デジタル大辞泉』より）

それとも律令制に戻ればいいのか、それとも天地開闢《かいびゃく》まで戻る必要があるのか。こういう議論が日本の保守陣営の中で当時展開されましたが、「過去に正しいものがある」という原理主義的な考え方はどの国にでもあるんです。

キリスト教のプロテスタントも、イエス・キリストの時代に帰れという「復古維新運動」です。

ちなみに、時代を経れば経るほど人類は進歩していくというのが「進歩史観」です。よくなったり悪くなったりしてぐるぐる回っている、トータルで見たらよくも悪くもならないというのが「循環史観」。大体、この三つに歴史観は分かれます。

ワッハーブ派のサウジアラビア

このハンバリー法学派の下降史観に基づいて「ムハンマドがいたころの時代を取り返せ」というハンバリー法学派の一派にワッハーブ派というグループがあります。

この**ワッハーブ派はサウジアラビアの国教です**。「サウジアラビア」

は「サウード家のアラビア」という意味です。

サウジアラビアは原理主義国家です。サウジアラビアは「6世紀の当時に世界を変える（戻す）」という目的を持っています。

「そんなこと言うけど、佐藤さん、サウジの連中の生活を見ていて、原理主義的に厳しいとか、6世紀に戻るという雰囲気は感じられない」という話を聞きます。

私も英国の軍の学校でロシア語の研修を受けたのですが、そこにサウジの連中が来ていました。彼らはウイスキーをラッパ飲みして、よくベロベロに酔っぱらっていました。

「酒を飲んではいけない」とコーランに書いてあります。ところが、それは問題ないと彼らは言うんですよね。どうしてか。

「コーランで禁止されているのはブドウで作ったアルコール飲料だ。ウイスキーはブドウで作ってないだろう」、こういう話なんです。

サウジアラビアでは、女性は、日本の小学校5年生以上に相当する教育を受けることができないんです。車の運転も禁止、こういう状態になっているし、普段もベールをかぶっています。女性の政治家なんて、考えられないですよね。

ところが、英国のマーガレット・サッチャー首相がサウジアラビアを公式訪問して、ファハド国王と会談しているんです。これを、どうやって説明しますか？

サウジの宗教評議会がサッチャーについて深く分析してみたんです。一見、見た目は女のように見えるけれども、過去の行動と言動を見ると「明らかに男」であるということで、男として受け入れています（笑）。イスラムのジェンダー論では、1人の人間の中には男の要素と女の要素がある。サッチャーは男の要素の方が明らかに多い。だから性同一性障害であるということで（笑）、サウジアラビアに受け入れられて交渉しているわけです。でも、やっぱり何かおかしくないですか。

売春や買春、これはイスラム法では石打ちの刑です。石打ちというのはどういうふうにやるか知っていますか？　大きい石を投げてぶつかったら、1回で死んでしまいます。小さい石ならすぐには死なない。こぶし大ぐらいの、石打ち用の「特別の石」があるんです。これを山盛りにして、みんなで投げて殺すんです。そうすると、鼻は折れて、目は飛び出して、歯が折れて、ものすごく苦しんだ後に死にます。処刑の中で最も苦痛な処刑、これが石打ちです。

◎マーガレット・サッチャー英首相と会話をするサウジアラビアのファハド国王（写真／AFP＝時事）

ちなみに、石打ちの刑と、首を切るのと、どっちが厳しいでしょう。

一つのヒントとして、「油山事件」[8]というものがあるのですが、聞いたことがありますか。

福岡市南区に油山という山があります。１９４５年に、Ｂ29が無差別爆撃します。学校や民家に爆弾を落とすことは戦時国際法違反です。戦時国際法違反で死者を出した時は、軍法会議を行って、その判決で死刑を言い渡すのは、国際法上、合法です。それでパイロットと爆撃手が死刑判決を言い渡された。

この執行が銃殺だったら、何の問題もなかったんですけれども、首を切ったんですよ。そうしたら、戦後にＢ・Ｃ級戦犯として関係者が追われた。

首を切られた兵士たちのことを考えた時、キリスト教、ユダヤ教、イスラム教の考え方だと、「この世の終わりに、人間はどう復活するか。首が落っこっちゃったらどうなるんだ。復活できないんじゃないか」という恐怖があるんです。

首を切り取るということは「死後の命がない」という意味があるんです。ですから、首の落ちない石打ちよりは、首を切ってしまう方が怖い。

---

[8] **油山事件**
１９４５年８月、日本陸軍西部軍司令部（西部軍）が米国人捕虜８人を斬首処刑した事件。西部軍による米軍捕虜の斬首事件は終戦当日にも行われ、実行犯は巣鴨プリズンに収監され軍事法廷にかけられた。（小林弘忠『逃亡──「油山事件」戦犯告白録』（中公文庫））

米国人でも、「首を切られる」ということに対する恐怖心は日本人とは全然違います。絞首刑で首がつながっている、完全にちぎれないということには意味があるんです。このあたりは文化の問題です。

ロンドンの「結婚斡旋所」

話を戻します。例えば、ロンドンのエスコートクラブに行ったとしましょう。「あれは何だ。売春宿じゃないのか。サウジアラビアからも客がたくさん来ているじゃないか」という話なんですが、売春宿じゃないんです。あくまでも結婚斡旋所です（笑）。

イスラム教の場合、結婚する時に離婚の条件を定めるんです。ですから、金持ちの娘と結婚する時に、「離婚する時には、金塊１トン、ラクダ２００頭」というように決めておくんですね。

そうしておくと、金塊１トンとラクダ２００頭を出すまでは、絶対離婚できないんです。ロンドンの結婚斡旋所は、イスラム教の聖職者が経営しているんです。女の子の写真を見せて、客が「この子いいね」とか言います。イスラム教では４人まで結婚できるので３人と結婚して、四つ目を空けておくわけですよ。「この子と結婚2時間、慰謝料3万円」、そうすると、これは「時間結婚」なんです。でも、何かおかしくないですか。

ちなみに、サウジアラビアの国会って、議員は何人ぐらいだと思いますか？　実はサウジアラビアに国会はありません。完全な専制支配です。そもそも、サウジアラビアで国家予算をつくったのは30年前です。それまでは「大福帳」もつけてないわけですから。国家予算とサウド家の家計が一緒だったわけです。

今でも初代のアブドルアジズ元国王と血のつながるサウジの王族は1500人ぐらいいます。それで、どんどん結婚して、子どもをたくさんつくる。そうしないと部族のバランスがとれないからです。それで、さらに離婚をして新しいお嫁さんをとったりもします。

王子たちはキャンピングカーでピクニックに行きます。それで、袋にメープル金貨を入れておくわけですよ。会いにきた連中に金貨を配るためです。やっていることを見ると、いまだに世界観は「中世」そのものです。

米軍は「ボディーガード」

さらに、第1次湾岸戦争[9]の時に、サウジアラビアの中にあるメッカとメディナの防衛のために、米軍を入れているんです。これをサウジアラビアの人たちはどうやって説明するのか——。

米国はキリスト教徒やユダヤ教徒である。つまり、イスラム教と同じ神を信じているから、あえて、連中を「ボディーガード」として雇っている、こういう理屈です。

こういったことに対してウサマ・ビンラディンはアフガニスタンの洞穴の前で言うわけです。「今のサウジの王朝はウソをついている。こいつらは売春や買春をして、酒を飲んで堕落し、屁理屈をつけてアラビア半島をアメリカの植民地にしている。石油のカネだけで自分たちは安逸な生活をしている。こんな者どもは本当のイスラム教徒ではない。叩きつぶせ！」

そういうふうに言われると、ハンバリー法学派の人たちの大多数がビンラディンの言う通りだと思うわけです。だから、「イスラム国」には、

---

[9] **湾岸戦争**

1991年1月に始まった米軍主導の多国籍軍とイラク軍との戦争。イラクとクウェートがペルシャ湾岸に位置しているため、湾岸戦争の呼び名がある。イラク軍は90年8月、隣国クウェートに侵攻し、併合を宣言。これに対し、国連はイラク軍の撤退を求める決議を採択し、期限切れ後の91年1月17日、多国籍軍が空爆を開始してイラク攻撃に踏み切った。2月24日には地上戦が始まり、同26日にイラク軍がクウェートから完全撤退。4月に国連で恒久停戦決議が採択された。

サウジアラビアの連中が結構カンパしてるんですよ。「頑張れよ。おれたちの本当の考えはお前たちに近いんだ」と。

サウジアラビアとアルカイダや「イスラム国」は虹のスペクトルのようなものです。色は違うけれども、どこから変わっていくのかがよく分からない。

空爆とドローン

ウサマ・ビンラディンが「今のサウジの王政を倒さないといけない。サウジの王政はアメリカの傀儡《かいらい》だからアメリカを討つ」と言った。

それが9・11になったわけです。

9・11でツインタワーが標的になりました。ツインタワーが崩れ落ちるのを見ると、ユダヤ、キリスト教、イスラムの世界の人は何を思い出すか――。旧約聖書の「バベルの塔」の物語です。

「人間が神様に挑もうと思って高く建てたものが崩れ落ちていく」というものです。だから、ある時期から、あの崩れ落ちる映像を米国ではあまり映さなくなりました。

◎2001年9月11日、航空機の衝突で崩れ落ちる世界貿易センタービル（米・ニューヨーク）（写真／AFP=時事）

彼らのそういった志向性、刷り込みになっている宗教的なところを計算しながらウサマ・ビンラディンたちは攻撃していたからです。

米国は野を越え山を越え、草の根かき分けて、ぶっ殺すと決めたら、有言実行します。その際に、面白いテクノロジーが発達しているんです。

最近はネット通販会社のアマゾンが無人飛行機で注文した物を運んでくれるとか、日本でも、そのうちピザとか本とか、みんな自分の家の庭まで無人飛行機が運んでくるようになるのではないか、こういうニュースをときどき見ますけれども、ここで触れる無人戦闘機は、殺人用の特別兵器として開発されたものです。

今この技術が非常に進んでいるわけです。

よく「空爆をしても『イスラム国』をつぶすことはできないでしょう」と言う人がいますが、それは半分間違いです。空爆にはものすごく力があります。

まず、軍事基地をつぶす。次に社会生活に必要な各種施設を空爆してつぶす。テロリストは隠れていますから、この無人戦闘機で殺すんです。

無人戦闘機に、テロリストの顔を全部コンピュータに入れて覚えさせ

---

⑩無人戦闘機（ドローン）
米国が「テロとの戦い」で使用する遠隔操作型航空機による攻撃。米本土基地から通信衛星を介して操縦し、誘導ミサイルなどでテロ組織幹部らを攻撃する。兵士を危険にさらす必要がなく、有人の戦闘機より安価で、オバマ政権が対テロ戦の切り札と位置付ける。無人機攻撃は２００８年から急増し、パキスタンに潜伏する国際テロ組織アルカイダ幹部らを殺害するなど効果を上げている。一方、民間人が犠牲になるケースも多く、米シンクタンクによると、パキスタンでの無人機攻撃による死者は民間人が２割弱を占める。

ておきます。そうしておくと該当する人間を捕捉したら、きちんと反応するわけです。操縦は米ワシントンのラングレーにあるＣＩＡ本部から行います。それで、中堅幹部以上のテロリストをピンポイントで殺していきます。

無人戦闘機を飛ばして、「イスラム国」のテロリストをピンポイントでやっつけることを分かっているから、テロリストは必ず自らの周辺に無辜《むこ》の住民を集めておきます。やられる時に住民を何人も巻き添えにしているわけです。

カタールというずるい国

サウジ以外にもしたたかな国があります。カタールです。

カタールは有志連合に加わって「イスラム国」に対して空爆もしているのですが、「イスラム国」からテロで絶対にやられない国なんです。どうしてか。

「イスラム国」やアルカイダにカタールはおカネを払っているんです。

それからパレスチナのハマス——２０１４年、イスラエルとの間で大

◎主翼下に空対地ミサイル「ヘルファイア」を搭載した米空軍の無人機「プレデター」（米空軍提供）（写真／時事）

変な戦争になりました。この原理主義グループにもカネを払っているんです。どうしてだと思います？「うちだけはやらないでください」と、みかじめ料を払っているんです。

それだから「イスラム国」はカタールにだけは来ないということになっているんですね。こういう抜け駆けする人たちがいるわけですよ。そういう事情があるから、なかなか大変なわけです。

イラクのアルカイダがなぜ出てきたか

今の中東は基本的には、第1次世界大戦中のサイクス・ピコ協定[11]という、英・仏・露の秘密協定によって国境線が引かれていますから、実際に住んでいる住民たちの文化や宗教などと合致していないわけです。

そのために直接管理できる首都とその周辺、あるいは、自分たちが住んでいる部族しか統治できないような、不十分な統治しかできない国家が出てくる。

全領域を実効支配できなくなって、どこか弱いところが出てくるから、そこにイスラム世界革命のできる国家の拠点をつくるということなんで

---

⑪ サイクス・ピコ協定

第一次世界大戦中の1916年5月、イギリス、フランス、ロシア間で、戦後のオスマン・トルコ帝国領の分割を約束した秘密協定。ロシアの首都ペトログラード（現サンクト・ペテルブルグ）で調印された。協定の名称は、主として作成にあたったイギリスの外交官マーク・サイクスとフランスの外交官ジョルジュ・ピコの名からつけられた。（中略）この協定は、前年のフサイン・マクマホン協定および翌年のバルフォア宣言とまったく矛盾するものであり、第一次大戦中に示したイギリスの二重外交、および帝国主義時代の大国間の権力政治の典型を示すものであった。（※『日本大百科全書（ニッポニカ）』（藤村瞬一）より）

すよ。

その流れの中で、「イラクのアルカイダ」という運動が出てくるんです。その指導者が今、「イスラム国」のカリフを宣言しているバグダディです。今までのビンラディンやグローバル・ジハード戦争をやるアルカイダは「イスラム教VSそれ以外」という論法だったんですね。

ところが、「イラクのアルカイダ」は、「イスラム教シーア派も敵だ。シーア派はインチキ・イスラムだ。インチキ・イスラムを殲滅《せんめつ》しないと、本当のイスラム革命はできない」というように、すごく党派的なんです。

特にイラクのこの前までのマリキ政権はシーア派系の政権で、後ろについていたのが米国ですから、「マリキ政権を打倒しろ」という運動になったわけですね。

この論理というのは、一昔前、日本でも20年か30年ぐらい前、新左翼の過激派が内ゲバをやっていたでしょう。革マル派と中核派というのはもともと同根なんです。革命的共産主義者同盟という団体を母体にしています。ところが、互いに相手を殲滅しないと本当の革命はできないと思っていたんです。

ですから、この第3世代のアルカイダ、「イラクのアルカイダ」、今の

「イスラム国」の元になったのは「内ゲバをやるアルカイダ」と考えてもらえばいいです。

シリアのアサド政権がなぜ出てきたか

ではなぜ「イスラム国」が権力を取れたかを理解するには、「イスラム国」が根城にしているシリアという国の特殊な事情を理解しなくてはいけないわけです。

シリアのバッシャール・アサド大統領、これはとんでもない人なんです。自国民に対して毒ガスを平気で使う人です。でもそれは、自国民だという意識がないからなんです。バッシャール・アサド自体は、英国で教育を受けているんですよ。もともとは眼科医です。ハーフィズ・アサドというお父さんはバッシャール・アサドのお兄さんに権力を継がせる予定でしたが、兄が交通事故で死んだんです。それで突如英国から呼び戻されて後継者になった。どちらかと言うと、リベラルな教育を受けている人です。

しかし、国家システムの中に入ったら、個人がリベラルな教育を受け

◎シリアのバッシャール・アサド大統領（写真／AFP＝時事）

て西側を知っているかどうかは関係ないんです。北朝鮮の金正恩と一緒です。

「アラウィー派」のシリア

今、「イスラム国」が支配している領域は大体英国と同じぐらいの広さです[12]。そこに800万人が暮らしています。どうしてそこから皆逃げ出さないのか。

シリア情勢が分かりにくいのは、シリアのアサド政権の性格が分かりづらいからです。アサド政権はシーア派だと新聞に出ています。

ところが、**アサド大統領が所属している「アラウィー派」というグループは、イスラム教とは少し異なる、土着の山岳宗教です。**シーア派になったというのは、1970年代半ばに、レバノンのシーア派指導者を脅しあげてシーア派としての認定を取ったからなんです。

アラウィー派には、悪いことをしたら次はトカゲに生まれ変わるといった輪廻《りんね》転生説もあるんです。それからキリスト教の要素も入れているので、クリスマスにお祝いをします。基本的にアラウィー派の人はアラ

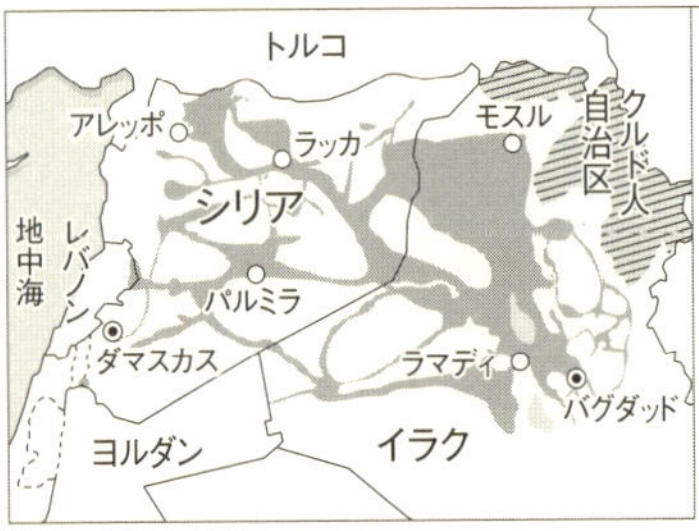

[12] イスラム国の勢力範囲。シリアとイラクにまたがり、主要幹線道路を押さえつつ、アメーバ状に領域を広げている（2015年9月時点）（米シンクタンク「戦争研究所」の資料による）

ウィー派の人としか結婚しません。シリアの北西の方に神殿があります。シリア国民の12%がこのアラウィー派です。

もともと、この人たちは１０００年以上にわたって差別されてきました。徹底して差別されて、そして人がやりたがらない仕事ばっかりやらされる。社会の最底辺に置かれている人たちだったんですね。ところが、今は政権のエリート、偉い人のほとんどがアラウィー派です。なぜそんなことになったのか。

１９１８年に第1次世界大戦が終わります。トルコはドイツ側に入ったので負け組です。１９１９年のベルサイユ講和条約後、広大なオスマン帝国の領土は英国とフランスによるサイクス・ピコ協定で分離されます。

シリアはフランスの委任統治（植民地）になりました。フランスは、そこで、それまで最底辺で虐げられていたアラウィー派を行政の要職に就かせたんです。秘密警察もアラウィー派に任せました。その結果、今まで一番下にいた人たちが一番上の指導者になる形となり、この体制がそのまま残っているんです。権力はアラウィー派が独占しているわけです。もっともバッシャール・アサド大統領夫人はスンニ派です。アサド大統領は、この結婚を通じてスンニ派エリートを味方につけようとしましたが、うまくいきませんでした。

シリアには野党勢力がない

2011年初頭から、「アラブの春」[13]という民主化運動が起きました。チュニジアやエジプトで軍事独裁政権がひっくり返りました。それでも、シリアでは政権が倒れなかった。どうしてかというと野党勢力が存在しないからです。1970年代半ばに、バッシャール・アサド現大統領の父親ハーフィズ・アサドが文字通り皆殺しにしたのです。シリアの反体制派、野党勢力だったムスリム同胞団の2万人も殺し尽くした。

「佐藤さん、そんなこと言ったって、自由シリア軍があるじゃないか。反体制派の円卓会議とか、米国もフランスも行ってるじゃないか」と言われますが、**自由シリア軍とは、シリアの「半グレ集団」[14]です**。

日本で広域団体に所属しないで、六本木とか西麻布をうろついている半グレと同じですね。この半グレ集団にカネと武器と制服を渡して「自由の戦士」と言わせているだけの話なんです。ですから、虐殺や強姦《ごうかん》や

---

[13] アラブの春

北アフリカや中東のアラブ諸国で2010年末から11年にかけ、独裁的な政府に対し政治の改革や指導者の退陣を求める民衆抗議行動が相次ぎ、チュニジアのベンアリ大統領とエジプトのムバラク大統領は辞任に追い込まれた。リビアでは最高指導者カダフィ大佐の長期政権と反政府勢力との間で死者推定2万人を超える内戦に発展。欧米の軍事介入を経て政権は打倒され、カダフィ大佐も死亡した。いずれのケースも公正な選挙を経ずに権力の座に居座り続ける指導者、政治の腐敗、高い失業率、治安機関を駆使した抑圧的統治などに対する国民の怒りが爆発したもので、一連の反政府運動は「アラブの春」と呼ばれる。

略奪など、とにかくひどいことをする。

英国やフランスが半グレのスポンサーになっているのを見て、おれたちもやっぱりそういった半グレ集団が欲しいと思ったのがサウジアラビアとカタールです。

このサウジアラビアとカタールが支援する「半グレ」が、結局「イラクのアルカイダ」に乗っ取られてしまうんです。それであそこに「イスラム国」ができてしまったわけです。

「イスラム国」の指導者、バグダディ

さて、第2世代のアルカイダが提唱した「グローバル・ジハード論」――実はオバマ米大統領は、この「グローバル・ジハード論」に負けてしまったわけです。イラクから米軍を退くのが早過ぎた。その結果どうなったか。

イラクのマリキ政権はシーア派です。イランもシーア派です。米国とイランは犬猿の仲ですが、米国はイラクではシーア派のマリキ政権を支持した。イランもまた、マリキ政権を支持した。米とイランは、イラク

⑭ **半グレ集団**
警察当局に暴力団として登録されていない不良グループの通称で、繁華街を拠点とし、メンバーは暴力事件や振り込め詐欺などの犯罪に関与しているとされる。暴力団のように明確に組織化されていないため、活動実態は不透明なのが特徴。

に対しては立場が一致しているんですね。

そのため、マリキ政権は調子づいて、シーア派の天下をつくり、クルドの自治区には一定の恩恵を与えましたが、それ以外のスンニ派をいじめました。それで今度は第3世代のアルカイダが出てくるんです。

これが「イスラム国」の指導者のバグダディです。初代バグダディという名前は「バグダッド出身者」という意味です。初代のバグダディは殺されていますので、今は2代目です。彼は大学でイスラム法学を勉強し卒業しているインテリです。それからムハンマドと同じクライシュ族という部族の出身であることを誇りにしています。だから黒いターバンを巻いているんです。黒いターバンを巻くことができるのは、クライシュ族だけです。

「イスラム国」三つのシナリオ

「イスラム国」は今後、中長期的にどうなるか。私は三つのシナリオがあると思っています。

1番目、「イスラム国」が世界中で勝利して、日本を含め、米国も英

◎「イスラム国」指導者のバグダディ容疑者（2014年7月公開の同組織映像より）（写真／AFP＝時事）

国もフランスも全部カリフ帝国の一部になる。日本国内にも大きなモスクができて、みんなそこへお祈りに行くようになる。日本人もみんなイスラム教徒になる。こういう解決法が一つ。

2番目、「イスラム国」が皆殺しにされて、根絶やしにされる。

このためには地上戦も必要ですし、地上戦が始まった場合には各国でテロが起きるでしょう。そうしたら国内ではテロを封じ込めるために、最近では行わなくなったような隔離措置や、予防拘禁的なことも行われる。さらに思想を裁くことも事実上、行われるようになるでしょう。徹底的に「イスラム国」を封じ込める、こういう方向性です。

3番目の可能性、「イスラム国」のソ連化です。

これは本章の冒頭で説明した通りです。「イスラム国」は国連に加盟したり、国際法を守ったりはしないけれども、乱暴な人質事件のようなことは次第にやらなくなる。また、周辺国家との間においての紛争も、ある程度広がったところでやめる。

ただ、イスラム革命を行うとして「イスラム国」に忠誠を誓う人がときどきテロを行ったり、「イスラム国」をもっと大切にしろ、「イスラム国」に対する圧力をやめろと主張する政治家が合法的な選挙で当選して出てくるかもしれない。

それによって徐々に「イスラム国」が国際社会の中に組み込まれていく。こういうのが3番目のシナリオです。

ただ、この3番目のシナリオは、緊張度が高いものです。日常的な「イスラム世界革命」と、これまで普遍的な世界観とされていた人権尊重、国家主権の尊重との価値観において、軋轢《あつれき》をもたらしてくるでしょう。

繰り返しますが、今起きていることは〝戦争〟です。この戦争をするかしないかを決めたのは「イスラム国」の側ですが、われわれはそれに応じないというシナリオは、実はないのです。

人道支援は「イスラム国」解体の柱

「イスラム国」をつぶす方法は現実的にはこういうやり方です。

まず空爆を続けます。合わせて８００万人いる普通の「イスラム国」の領域に住んでいる人たちに呼び掛けます。「こんなところに住んでいたっていいことはないですよ。危ないから周辺に出て行きなさい」。それで、「イスラム国」の周辺に難民用のキャンプを作っていきます。つまり「人道支援」⑮を行う。**これが、日本が標的にされる理由です。人道支援は「イスラム国」解体の重要な柱なのです。**これは空爆と並ぶくらい重要な柱です。

こういう支援を行うことで、アルカイダや「イスラム国」を解体する、これは、米同時多発テロが起きた２００１年の9月11日以降、日本の海外における対外的な支援の基本的な方針です。これは、われわれの価値観からしても間違っていないことですが、だからこそ、日本は狙われるわけです。

「病院を空爆するなんてとんでもない。非人道的だ」という意見も聞きます。

しかし、病院を攻撃することには合理性があります。戦場で傷ついた兵士は戦力になりません。そこで、病院で手当てを受けて、再び戦場に戻れるようになるわけです。つまり戦力の再生産をしているわけです。ですから病院を攻撃するのは、兵力を弱めていくという意味で合目的的なんです。

人道支援も同じです。人道支援はそれ自体、「イスラム国」から見れば敵対行為です。ですから日本人は、そこのところの当事者性をもう少

---

⑮ **人道支援**
自然災害、戦争などにより困窮している住民に対し、食料、医薬品などの支援を行うこと。人々が自由と尊厳を持ち、貧困と絶望から免れて生きる権利。近年は、「人間の安全保障」概念として、途上国開発などにおいて、国家の都合ではなく、人々に着目し、個人の能力強化や地域づくりを通じて国の発展を実現しようとする考え方として注目されている。

し自覚しないといけないと思うわけです。

そういうかたちで「イスラム国」への空爆を続けて、その次の段階で人道支援を本格化すれば、「イスラム国」から200万人ぐらいは逃げ出すでしょう。200万人も逃げ出したら、もう域内の経済は成り立たないし、中はガタガタになります。

そういう状況になった時に地上戦を展開すれば、「イスラム国」を完全に解体することができます。

ただ、米国がどこまで地上戦をやるという腹を固めるか。オバマ政権の間はやらないでしょう。

オバマ政権の後、共和党の大統領が生まれる可能性は非常に低い。米国社会の構成を見ると、非白人、つまりアジア系とヒスパニック系、それから黒人が今37％を占めています。このまま人口が推移すると、2050年には51％になると言われています。共和党は白人の金持ちを優遇する政策を打ち出していますから、選挙になったら広範な支持は得られないんです。

どういう状況であっても、選挙では民主党の方に振れる。となると、次はヒラリー・クリントンになる可能性がかなり高い。

◎シリア北部アインアルアラブで米軍主導の有志連合による「イスラム国」への空爆。トルコ側から撮影（写真／AFP＝時事）

ヒラリー・クリントンが大統領になった場合には、躊躇《ちゅうちょ》なく「イスラム国」に対して地上戦を行うと思います。問題は、その時に米国がイランと組むかどうかです。

ただ、**「イスラム国」には永続性がないと考えられます。どうしてか。「生産」の思想が全くないからです**。「イスラム国」には物づくりという発想がない。基本的には収奪の思想しかないですから、仮に「イスラム国」が全世界を席巻することになったとしても、寄生虫と一緒で宿主が死んでしまえば、寄生虫も死んでしまう。その意味ではまさに、「現代のガン細胞」と言ってもいいでしょう。

◎2015年7月、ニューヨークで演説するヒラリー・クリントン前国務長官（写真／EPA＝時事）

第6章

ロシア・プーチンは何を狙っているか

——核不拡散体制、韓国が握る鍵

プーチン「核発言」の真意

2015年3月15日に、ロシア全土で「クリミア、祖国への道」という特別番組が放送されました。

その中でプーチン大統領が「ロシアはクリミア情勢が思わしくない方向に推移した場合に備えており、核戦力に臨戦態勢を取らせることも検討していた。しかし、起こらないだろうとは考えていた」、こんなことを言ったわけです。これはすごく深刻な話です。

プーチンはとても慎重な性格の人です。もともと対外インテリジェンス・オフィサー（諜報機関員）ですから、無駄なことは言わず、計算したことしか言いません。

この発言を、私はこう解釈しています。「ロシアが自国の国益にとって死活的に重要と考える事柄については、核兵器による威嚇を含め、外交の手段とする」

これからは政治で気に食わないことがあったら、こちらは核兵器を持っているから、**大切な利益については、核カードも使ってやっていく**

◎テレビ特番「国民との対話」に出演するプーチン・ロシア大統領（写真／AFP＝時事）

という宣言です。

これに対して米国も日本も、反応が鈍かったですよね。どうして反応が鈍いのか。プーチンはどのようにこれを織り込んでいるのか、ここでは核問題を軸にして、この謎解きをしてみましょう。

米国とイランの関係

米国とイランはもともと不倶戴天《ふぐたいてん》の敵です。❶

米国はイラン・イラク戦争で米軍を送りました。イランはそれに対して自爆テロをやります。自爆テロは、防ぐのが本当に難しいんです。米軍基地に従業員や情報提供者として入ってきた人間が、実際はアルカイダや「イスラム国」から送り込まれた自爆テロリストで、ある時、豹変《ひょうへん》することがある。これを見抜くのは難しいんです。

ただ、イランは、「イスラム国」がこのまま伸びてくると、イラン自体の国家存亡の危機に関わることになるので、「米国と対テロ対策で手を握ろう」と言っているんです。米国もイランも本気で「イスラム国」をつぶそうとしています。実際、「イスラム国」に対してイランは空爆

---

❶ **１９７９年テヘラン米大使館占拠事件以降の米・イラン関係**

１９７９年２月のイラン・イスラム革命で親米のパーレビ王制が打倒され、11月にテヘランの米大使館占拠人質事件が起こり、80年４月に米国とイランは国交を断絶した。２００１年に就任したブッシュ米大統領は02年１月に行った一般教書演説でイランを「悪の枢軸」と名指しで批判。同年８月にはイラン国内にウラン濃縮施設の存在が発覚し、両国関係は決定的に対立した。13年８月にイランのロウハニ大統領が就任してから、オバマ大統領との関係が改善した。

しています。米国と事前調整はしなかったとイランは言っていますけれども、何らかの連絡を米国としていると思います。

　さて、イランの核開発問題ですが、イランは核開発をしようとして核濃縮を20％まで上げました。大体、ウランの濃縮は、原発のために必要なのは5％ですから、5％を超える濃縮をする必要はない。そもそもあんなに石油があって、天然ガスがあるのに、なんで原発が必要なんですか。それは核爆弾が欲しいからですよ。イランが本格的に核開発をしようとすれば、約1年でウランの濃縮は90％にまで達することができます。90％の濃縮ができれば、広島型の原爆を造ることができます。さらに1年間かければ、それを1トン以下に小型化することができます。

　前のイラン大統領はアフマディネジャド❷です。この人は**イランの中でも特に過激な人で、「イスラエルを地図上から抹消する」、こういう公約を掲げました**。そしてその公約を実現するために、せっせと核開発とミサイル開発をしたんです。ミサイル開発はほとんど成功した。どうしてだと思いますか？　北朝鮮から買ったからです。「ノドン2」という弾道ミサイルが北朝鮮にあります。あれがイランに輸出されて「シャハブ3」という名前になって、改良を加えてあって、ヨーロッパ、中東まで

---

❷ **アフマディネジャド**
2005年に就任したイランのアフマディネジャド大統領は、核開発を加速し、対米強硬路線をとった（任期・05年8月～08年8月）。

（写真／AFP＝時事）

飛ばすことができるんです。弾頭に1トンぐらい積めます。

今、イランは20%までの濃縮技術に達したけれども、5%にまで戻しました。「だから制裁解除してくれ。国際社会の皆さん、仲よくしてくれ」と言っているわけですね。

オバマは「いいじゃないか」と言ったわけです❸。それに対してイスラエルは「絶対信用したらだめだ」、こう言っているわけです。

2015年3月3日にイスラエルのネタニヤフ首相は米共和党の招きで議会演説をして、米国のイラン政策をものすごく批判しました。「イランは核開発を絶対にやる。米国は間違えた政策をしている」と。それに対してオバマ大統領は強い不快感を表明した。今は「イスラム国」との戦いの方が大切だから、イランに対してとやかく言うべきではないというのが米国の本音です。

しかし、そんなことを言っているイスラエルだって、黙っているけれども、核爆弾を持っています。

仮にイランがイスラエルにミサイルを撃ち込んだら、逆にイランの首都テヘランに数十発のミサイルを撃ち込まれて、イランという国が文字通りなくなる。だから、「抑止力理論」から合理的に考えると、そんな

---

❸ **イラン核合意**

2015年7月14日、イラン核問題の外交解決を目指す欧米など6カ国とイランの核協議は、ウィーンで、関係国が取り組む「包括的共同行動計画」に最終合意した。イランは核開発能力の今後10~15年にわたる制限と大幅に強化された査察・監視を受け入れ、欧米側が経済制裁を段階的に解除することが柱となる。国連安全保障理事会の承認と各国の国内手続きが完了すれば、合意が実施に移される。

ことは起きない。これが専門家の見方ですけれども、アフマディネジャド前大統領には少し問題があったんです。

実は、**アフマディネジャドという人は「ハルマゲドン」[4]を信じているんです。**いざイスラエルが自国にミサイルを撃ち込んできた場合には、「お隠れイマーム」という宗教指導者と天使が出てきて、イスラエルからイランに撃ってくるミサイルを止めてくれる。だからイランは大丈夫だ、こう本気で信じていたんです。誰かが本気で信じていることを外側から禁止できないですからね。そうすると本当に核戦争に入る危険性があるということで、ついこの前まで国際社会は緊張していました。

ところが、今のロウハニ大統領はそういう異常なハルマゲドンなどは信じていない合理的な思考の持ち主だから、米国は「大丈夫。イスラエルは心配し過ぎだ」と、こう考えているんです。

万一、イランが核を持ったとしても、核戦争にはすぐにはつながらないと。

❹ハルマゲドン
「世界最終戦争」を意味する言葉で、もともとは、新約聖書の「ヨハネの黙示録」に記述がある。世界の終わりを意味する。

◎イランのロウハニ大統領（写真／AFP＝時事）

核ドミノ、「イスラム国」が核を持つ可能性

そこで、問題となるのが、パキスタンとサウジアラビアの関係です。**サウジアラビアとパキスタンの間に秘密協定があるとインテリジェンス専門家の間では言われています**。もちろん秘密協定だから表には出ていない。ただ、その協定があるという前提で国際政治を見ると、動きがよく分かる。

パキスタンというのはお金が潤沢にあるわけではない国です。それなのになぜ核兵器やミサイルを造ることができたのでしょうか？　サウジがおカネを全部出して支援したからです。だからサウジは今パキスタンが持っている核兵器のオーナーなんです。

秘密協定の内容は何かというと、もしイランが核兵器を持ったならば、可及的速やかにパキスタン領内にある核弾頭の幾つかをサウジアラビアの領内に移動するという物騒な秘密協定です。米国は物理的にそれを阻止することはできるでしょうが、政治的にはできません。もしそういうことをした場合には、サウジアラビアへの影響力を完全に失うからです。

もし**パキスタンからサウジに核が流れた場合、アラブ首長国連邦もオマーンもカタールも、パキスタンから核兵器を買います**ね。さらにエジプトとヨルダンは核兵器の自力開発をします。

そうすると、あの辺りの国がみんな核兵器を持つようになるわけです。サウジアラビアは権力基盤が必ずしも盤石ではない国です。中には「イスラム国」が正しいと思っている人もいるわけです。今のサウジの王様も、弟がなっただけで、世代交代をしていないですから、**脆弱な体制の下でサウジが崩れることがあったら、サウジから核が流出して「イスラム国」が原爆を持つようになるかもしれません**。

イスラエルはそこを恐れているんです。もし核を持ったら、「イスラム国」は躊躇《ちゅうちょ》することなく原爆を使いますからね、そうすると国際情勢がまったく変わってきます。

仮にヨーロッパのどこかに原爆を落として、それで「イスラム国」が「言うことを聞け」と言ったら、ヨーロッパは聞くかもしれないし、あるいは、報復が始まり、世界規模での核戦争が起きるかもしれない。

プーチンは、「イスラム国」の手に核が落ちるかどうかはともかく、今の米国の姿勢からすると、イランが核を持つのは時間の問題で、もし核を持ったら世界各国が核兵器を使って自国の主張をし、国益を実現していく時代になると見た。

それを先取りして、3月15日にああいう発言をした。それに対する国際社会の抵抗がどれくらいかを、「観測気球」を上げて測ってみた。そうしたところ、あまり強くなかった――こういうことです。

北東アジアの核武装

ところで、仮に中東で核保有国が増えて、実質的に核不拡散体制（NPT体制）❺が崩壊したら何が起きると思いますか？

極東でも核保有の動きが出ます。韓国、台湾などです。さらに南米のブラジル、このあたりも核を持つことを希望するようになるでしょう。世界の数十カ国が地球を5回も10回も破滅させることができるような核兵器を持つ状態が、もしかすると10年以内に来るかもしれない。

すでに北朝鮮が核を持っているじゃないかという人がいるかもしれません。私は北朝鮮の核についてはそれほど心配していないんです。北朝鮮の核は、今のところ、あくまで防衛的なもので、しかもある種の過剰

❺ **NPT体制**
核兵器の軍縮、不拡散、原子力の平和利用について義務を定めた多国間条約（Treaty on the Non-Proliferation of Nuclear Weapons:NPT）を基にした国際的な体制。1968年に作られ、70年に発効した。67年1月1日時点で核兵器を保有していた米ソ英仏中の5カ国を「核兵器国」と定め、それ以外の国を「非核兵器国」として核兵器の開発・保有を禁じた。核兵器国は核軍縮を「誠実に交渉する」義務を負う。原子力の平和利用の権利は妨げないが、軍事転用を防ぐため、非核兵器国の原子力活動は国際原子力機関（IAEA）の監視下に置かれる。締約国は北朝鮮を含めると191カ国・地域。

防衛です。まだ、米国まで届く弾道ミサイルは持っていないから、米国は現時点では脅威だと考えていない。これがもし米国まで届く弾道ミサイルを持てば、米国は空爆を必ずやりますよ。そうすると、北朝鮮の動きも核やミサイルとの関係では要注意です。

中国も核は持っていますが、大国として一応のゲームのルールは守っています。

問題は韓国が核武装した場合です。朴正熙大統領の時代に、韓国はひそかに核開発していたんですね。それを米国が圧力をかけてやめさせた経緯があります。韓国が核武装した場合、竹島問題、慰安婦問題、戦時中の外国人徴用工問題、歴史認識問題、これらに加えて核カードを使いながら日本に向かってきます。

それでは次に、日本の中で核武装の話が出てくるかどうか。これは福島第1原発事故後の国内の原子力、核に対する反応を脇に置いても、非常に難しいと思うんです。というのは、日本は第2次世界大戦の敗戦国だからです。「かつて全世界を敵に回した国である」ということを国際社会は忘れていない。

国際連合(United Nations)というのは「連合国」という意味です。

◎北朝鮮・平壌の金日成広場で行われた軍事パレードに登場したミサイル(2013年7月)(写真/AFP=時事)

ポツダム宣言で言う「われら連合国」と言うのと「国際連合」は同じです。あれは戦後、日本の外務官僚が「連合国」と「国際連合」を、本当は一緒なんだけど、違うものに見せようとするために、わざと作った意訳です。戦勝国・敗戦国の区別は今でも残っているわけです。

その状況で、米国は「日本は米国の核の傘の下に入っているんだから、独自の核武装はさせない」と言うでしょう。中国も北朝鮮も韓国もロシアも、日本の核武装は絶対させないでしょう。では、この先、日本はどうなるか。**私は原発の再稼働❻が加速すると思います**。

なぜ原発の再稼働が加速するかというと、中東で非常に不安定な状況の下でエネルギーを安定的に確保しないといけないという状況が一方においてあり、核物理学の裾野を維持するためには、原子力の平和利用を続けないと優秀な学生が大学に入ってこなくなるからです。だから研究のレベルを維持するために、国策として、そこは隠しながらでもやらざるを得なくなってくる。青森県六ヶ所村でのプルトニウムの抽出とウラン濃縮もやめないでしょう。

「核ドミノ」が起きた場合に、日本の外交力は核カードを使えないわけですから、極端に落ちることになる。となると、「核ドミノ」をどうやっ

❻ **原発再稼動**
九州電力川内原発（鹿児島県薩摩川内市）は、原発の新規制基準に初めて合格し、再稼働第1号となった。2015年8月11日に原子炉が起動し、これにより1年11カ月の「原発ゼロ」が終了した。

て起こさないようにするかということ、これが、今、日本外交の中で非常に大きなプライオリティを持つ課題ではないかと考えます。

韓国ナショナリズムとテロの結合

それから、韓国に関して気をつけなくてはいけないのは、テロリズムとナショナリズムが結び付き始めていることです。

2015年3月5日の朝、ソウルでリッパート駐韓米大使が韓国人の男（金基宗）に切りつけられるテロ事件が発生しました。[7] これは、精神に変調をきたした人がおかしな行動を取ったと考えてはいけません。ナショナリズムは現代において宗教の機能を果たすことがあるんです。自分が所属する民族のために命を捧げることは崇高な行為と受けとめられるわけです。

例えば3月16日、参院予算委員会において、三原じゅん子・参議院議員（自民）が「八紘一宇」なんてことを言って、大きく話題になりました。彼女はそれほど深い意味をもって言っているとは思いません。あるいは百田尚樹氏の『永遠の0』といった小説やこの小説を原作にした映

---

[7] **駐韓米大使襲撃事件**
2015年3月5日、リッパート駐韓米大使がソウルで会合出席中、男に切りつけられ重傷を負った事件。

画がすごく受けるという現象もありますが、これも、一つの「宗教」です。

ただ、ここに落とし穴があるんですね。**自分の民族のために命を捨てる覚悟を持った人間は、人の命を奪うことのハードルがものすごく低くなってしまう**。そこでナショナリズムとテロリズムが結び付くと、政治・社会情勢は不安定化します。

今回、駐韓大使を襲撃した男、金基宗は、２０１０年7月に日本の重家俊範駐韓大使にコンクリートのブロックを投げたことがあり、裁判にかけられて執行猶予付きの有罪判決を受けている人です。

こういう人物だから、韓国の警察は「要注意人物」としてマークしていたはずです。しかし、そのマークは比較的ゆるかった。それは「あれはあれでなかなかの愛国者だからな」という感覚が韓国の捜査当局にあったからだと思います。

リッパート大使襲撃では、顔を狙ってナイフで切りつけました。80針を縫うようなけがになっていて、もし頸動脈まで達するような刺され方をしていたら、おそらく死んでいたでしょう。

韓国における反米感情

この事件では、「米韓の軍事行動演習に反対しているからやった」と、その動機が語られていますが、考えないといけないことはもう一つあるんですね。反米感情があの時点で、どうして韓国でこんなに強まってきたのかということです。

それは2015年2月27日、米国のシャーマン国務次官が、特定の国を名指ししたわけではないですが、日本と韓国と中国の指導者たちに向けて「国家主義的な感情が依然利用されている。こういうのはよくない」という話をしたわけです。

そうしたら韓国政府も韓国世論も、「これは日本寄りの発言だ。なぜならば、あの戦争でわれわれは被害者である。その被害者であるわれわれの異議申し立てと日本が言っている〝妄言〟を同列に扱った。米国は日本側に立った。けしからん」といって大キャンペーンが始まったわけです。

韓国人にはそういうふうに見えてしまう。

米国は全く中立の立場から言っている。中国も中立に受けとめている、日本も「安倍政権に対する牽制《けんせい》だな」ぐらいで中立に受けとめた。

韓国からすると、それが米国がとんでもなく日本寄りになっていると見えた。ただ、これは構造として見た場合に、「アベノミクス」に関係しているんです。意外に感じるかもしれませんが、ここも少し客観的に考えてみましょう。

国際経済における「アベノミクス」はどういうものか——。

円安誘導です。円安誘導によって輸出を振興していくわけです。韓国から見たらどうなりますか？　円安の結果、ウォン高になるわけです。韓国の輸出が難しくなる。これは日本が「為替ダンピング政策」を行っているから、韓国経済が苦しくなっていると、韓国側には映るわけです。深層には、経済の構造的要因があって、**アベノミクスを韓国から見た場合には、「為替ダンピング政策」に映る**ということなんです。

このあたりを押さえておくことが、これから重要になってくると思いますね。韓国との関係においては、日本外務省も「基本的な価値を共有する」という言葉をホームページ（韓国の基礎データの部分）から外しました。[8] そうすると緊張した関係が続きます。

---

[8] 外務省HPの文言変更

2015年3月4日、外務省は、ホームページ（HP）に記載した韓国の基礎データから「基本的価値を共有」との記述を削除した。当初、「わが国と、自由と民主主義、市場経済等の基本的価値を共有する重要な隣国」としていたが、「わが国にとって最も重要な隣国」との表現に変更した。この理由について、川村泰久外務報道官は記者会見で「定期的な改訂の一環」と説明するにとどめ、「大局的観点から、今後の日韓関係を構築する努力の姿勢は変わっていない」と語った。

こうした背景があって、「愛国心」からテロが起きるわけです。韓国では伊藤博文を暗殺した安重根が英雄とされている、こういう文脈の中でナショナリズムがテロリズムと結び付き始めている。

ロシア、ネムツォフの暗殺

「テロリズム」「暗殺」が政治のゲームに加わるようになると、世界情勢は大きく変わります。

実際はあまり政治的な動機のない話でも、それが利益をもたらせるとなると、政治事件にされてしまうことがあるんです。

2015年2月27日の深夜、モスクワで殺害されたロシアのボリス・ネムツォフという元第1副首相、この人の事件❾が私はその類いだと見ています。

私はネムツォフさん、よく知っているんですよ。何度か一緒に仕事したことがあるんです。

どういう人か——。

死んだ人のことをあまり悪くは言いたくないんですけどね、死者にム

---

❾ **ネムツォフ暗殺事件**
2015年2月27日夜、ロシアのプーチン政権を批判する野党指導者ボリス・ネムツォフ氏がモスクワ中心部で暗殺された事件。捜査当局によると、クレムリン(大統領府)近くの橋を散歩中、車から追い越しざまに撃たれた6発のうち4発の銃弾を受け、その場で死亡したという。

チ打つというのはよくないというのが世界中の文化ですから。しかし、文化と事実はまた別のものです。

一言でネムツォフさんに対する私の評価を言うと、「三かく政治家」ですね。**「三かく」とは、義理を欠き、人情を欠き、平気で恥をかくという、「かく」というのが三つ入っている、そういう人**のことで、二度と付き合いたくない人の一人です。

皆さんの中でも心当たりがあるかと思いますが、義理を欠き、人情を欠き、おまけに恥を平気でかけば、会社の中でもそこそこのところまでは行く人がいますね（笑）。みんなから鼻つまみにはなりますけれども、政治家でもそこそこのところまで行きます。しかし、絶対にトップにはならないんです。というのは、そういう人がトップになった場合に組織は崩壊しますから。ネムツォフさんというのはまさにそんな人でした。

ソ連時代、人々に私有財産はなく、全部国有ですから、ネムツォフさんのポケットにあったおカネは、普通のロシア人と一緒で、日本円にして３０００円ぐらいでした。

２００９年にネムツォフさんが選挙に出た時に情報公開しました。彼は一度もビジネスの世界にいたことがなくて、政治献金だけで生きてきた人です。政治献金だけで、その年、8億5000万円ほどの収入がありました。これはすごいことです。

ネムツォフさんが射殺された時、23歳の婚約者と一緒に渡っていたモスクワ川の橋の向こう側には1930年代に建ったアパートがあるのですが、これはネムツォフさんの所有だそうです。時価8億円ぐらい。

彼はヤロスラブリという県の県議会議員です。1カ月の給料は15万円ぐらいですね。15万円の俸給の人に、年に政治資金が8億円以上集まり、億単位の住宅を少なくとも数戸持っている。どういうことでしょうか。これはマフィアとの絡みが深いということです。見えないところに利権構造がありますから、この人が死ぬと、持っていた利権は再分配されるでしょう。

今回の殺しは見事でした。ロシアの除雪車というのはすごくうるさいんです、ガーッという音がして、とにかく雪をかいていく。除雪車の前にトラックがあって、トラックに雪をどんどん積んでいくんですけれども、あれはロシアの見物《みもの》の一つです。

ちなみに夏はどうしていると思います？　夏場は水のタンクを除雪車につけて放水しているんです。モスクワの町は渇きますから。

冬場のモスクワは、大体20分に1回ぐらい除雪車が通るわけですよ。その瞬間、何の音も聞こえない。そこをすーっと白い車が通って、殺し屋が6発撃って4発当たっているわけです。これは〝ゴルゴ13〟級の殺し屋ですよ。しかも、横に歩いていた婚約者には1発も当たっていない。神業に近いような腕で殺していますね。

暗殺された理由

ネムツォフ殺害に関してはシナリオが三つ考えられます。

まず、プーチン大統領が指令を出して殺したという説。だけど、どう考えてもプーチンの利益が見いだせない。

2番目、プーチンに疑惑を向けるという謀略目的でウクライナの情報機関もしくは米国の情報機関が殺したという説。ウクライナの情報機関は、やりたいという気持ち、動機が十分あります。ところが、実行する能力がない。

米国のCIAの関係者がやるということはないでしょう。

どうしてかというと、あの組織はすごく官僚化しているんです。暗殺

◎ネムツォフ暗殺事件の時に一緒にいたウクライナ人女性のアンナ・ドゥリツカヤさん(ウクライナ・キエフ)(写真/AFP=時事)

計画を実行して、それをプーチンになすりつけるなんて時は、大統領までの決裁を取らないといけない。しかし、それはリスクが高いからやらない。

3番目、マフィアが殺した。特に怖いのが武器商人。どうしてか――。ウクライナで〝戦争〟が続いています。そうなったら世界中の武器商人や犯罪組織が武器の買い付けに来るんですよ。たしか北九州の方の暴力団が管理する倉庫からもロシア製の対戦車ロケット砲が出てきたことがありましたよね。どこから買ったのかは分からないですけれども、日本にいても入手できるわけです。

手榴弾とか自動小銃から始まって、最終的には「ブークシステム」なんて地対空ミサイルまである。ああいうものは、値段があって無いようなものなんです。だからおカネ儲《もう》けにはものすごくいい。紛争が続いていると儲かる人たちがいるんです。

このうちのどれかは分かりませんが、私は第3説に傾いています。

ところが西側は第1説で組み立てたいし、ロシアとしては自分たちを被害者だということで描きたいから、西側の謀略だという第2説の組み立てにしたいわけです。

北方領土交渉とネムツォフ

私はなぜネムツォフに厳しいかというと、あの人は北方領土交渉にとって非常に有害な人だったからです。

最初はそうでもなかったんですよ。

1997年11月、もうみんな忘れてしまいましたが、エリツィン大統領と橋本龍太郎首相がシベリアのクラスノヤルスクというところで一緒に魚釣りをしながら、「東京宣言に基づき、2000年までに平和条約を締結すべく全力を尽くす」という「クラスノヤルスク合意」を結びました。

「東京宣言」は1993年10月です。その中にはこういうことが書かれています。「択捉島、国後島、色丹島、歯舞群島に関する帰属の問題を解決して、早期に平和条約を締結する」。

すなわち「クラスノヤルスク合意」というのは2000年の終わりまでに北方領土問題を解決するという合意です。

ですから私もそれに基づいて一生懸命北方領土交渉をやったわけです

◎エニセイ川で魚釣りを楽しむ、橋本龍太郎首相（手前）とエリツィン・ロシア大統領（右から2人目）（首相官邸写真室提供）（写真／時事）

ね。結局は少し頑張り過ぎちゃって、最終的な出口が東京拘置所になるとは当時、全然思わなかったんですけれども（笑）、とにかく走ったわけですよ。

あの会談の時のロシア側立会人がネムツォフさんでした。われわれはネムツォフさんを窓口にして、いろんなことをやったんだけれども、下品で困った。

２０００年5月にネムツォフさんがサドルノフ（元財務大臣）と札幌の講演会に来ました。で、事前に何を希望するかと聞いたら、「〝芸者ハウス〟に行きたい」というわけなんです。そういう希望をする人って、ロシア人でもあんまりいないです。

私は、伝統芸能としての踊りとか、太鼓とか三味線とか、そういったところを見たいのかと思いまして、鈴木宗男さんに「ベテランの芸者さんを用意してください」と、そう言ってお願いしたんですね。外務省にはそういった予算はないですから、今だから言える話なんですけど、そこはもう鈴木先生におぶさっちゃったわけですよ。今考えると、申しわけなかったと反省しているんですけどね。

それで、もう今はなくなってしまった伝統的な料亭に、白塗り、日本髪の芸者さんが3人来て、三味線を弾いて太鼓を叩いて踊りを見せてということになりました。そうしたらネムツォフはとにかく口説いているわけです。「あんた幾つ？」とか言って口説いていて、「もう歳なんか聞かないでよ」とかやっていたのが、最後に、あんまりネムツォフがしつこいんで、芸者さんの一人が「私たち3人の年齢足したら200歳超えるわよ」と言ったんですね（笑）。そしたらネムツォフは怒りだして、「私は帰らせていただく」と。こういう感じの人でしたね。

ネムツォフ証言

1999年にエリツィンが退陣すると、ネムツォフも消えて、ああよかったと思っていたんですけれども、世の中そう簡単にはいかないんです。

2008年9月17日、私は檻《おり》から出てきて5年目で、裁判もそろそろ終わるかなあと思って、外務省からもすっかり離れて、ロシアのこともほとんど忘れていたのですが、9月17日の朝、あちらこちらから電話がかかってくるんですよ。「ネムツォフ証言について、どう思いますか」って。

それは、「クラスノヤルスクで行われた日ロ首脳会談で、エリツィン大統領が橋本龍太郎首相に北方領土四島即時返還を提案したけれども同席していたネムツォフ氏らの説得で、エリツィンは提案をその場で取り下げた」というものです。

私はクラスノヤルスクにいましたからね、はっきり言いますが、これは大ウソです。

こんな話は全くないです。2008年当時、鈴木宗男さんは国会議員でしたから、「質問主意書」を提出したんです。それに対して麻生太郎内閣総理大臣が10月3日の閣議でこういう答弁書を決めました。日本政府としての立場です。以下の通りです。

御指摘のような「提案」がなされたとの事実はなく、政府として、御指摘の記事がロシア連邦との間の平和条約の締結に関する交渉に与える影響はないものと考えている。

要するに日本政府は、閣議でネムツォフはウソつきだということを認定しているわけです。

自己保身するネムツォフ

なぜ彼はこういう証言をしたのか。

私はこう推測しています。エリツィン時代、北方領土問題を解決する方向で一生懸命彼は努力したんです。しかし、プーチンの時代になって、ロシアのナショナリズム、愛国主義の感情が強まってきて、エリツィンのやっていたことは売国奴のやっていたことになってしまった。

ロシアが混乱していた90年代の話です。「日本の資金援助が欲しくて領土を売り渡そうとしたのか。エリツィンは国賊だ。お前、その助けをしていたのか」という話になる。

だからネムツォフは、「〝殿ご乱心〟だったんです。そのご乱心を私がいさめた。ロシアの領土を守ったのはこの私です」、こういうウソ話をして、愛国主義的な潮流に乗ろうとしたわけです。

プーチン大統領はこういうウソつきは大嫌いです。それで、こういうことばっかりやっているから遠ざけられたわけです。そうしたらネムツォフは、プーチン政権がある限り、自分の出る目はないと考えた。それならば、反体制の指導者になろうと。それで、デモに行って、わざと逮捕されるように、警官をぶん殴ったりして捕まって、反体制の指導者の顔をしていました。

北方領土問題という、ロシア・日本の国益がかかる重要な問題で、しかも、日本側の関係者もいるのに、平気でこういうウソをつく人なんです。

ですから、ほかのところでどんなウソをついていたとしても全然おかしくないですし、こんな人はあちらこちらで恨みを買いますよ。だから殺されても何の不思議もないなと、これが私の率直な感想です。

死者のことを悪く言うと私の品性が疑われるんですけどね、でも、北方領土は重要です。だからこれはやっぱり国民に知ってもらわなくてはいけないから、きちんと証言しておこうと思っているんです。

第7章

覇権なき世界のゆくえ

2015年5月に、安倍首相がナルイシキンというロシアの国家院（下院）議長と会ったことで、日米関係は大変なことになっています。会談があったことについてはロシアは喜びました。

ところが、安倍さんは6月6日にウクライナに行き、ロシアとケンカしているウクライナのポロシェンコ大統領と会って、経済支援を約束しました。これは、言ってみれば、ロシアをぶん殴りに行っているようなものです。

ロシアと仲よくするようなことを一方においてやりながら、他方においてロシアにケンカを売っている。だから、訳が分からない状態になっているんですね。なぜこんなことになってしまっているのか。

ナルイシキン——安倍会談

少し踏み込んだ話をします。実は5月20日の夜遅く、鈴木宗男さんから電話がかかってきまして、「ナルイシキン・ロシア国家院議長と安倍総理、明日会うことになりそうだよ」と。

「えっ」と私は驚きました。

◎「ロシア文化フェスティバル」の開幕イベントで、あいさつするロシアのナルイシキン国家院議長（2015年5月20日、東京・台東区）（写真／時事）

何で驚いたかというと、ナルイシキンというのはプーチンの側近です。ロシアの国家院議長だけれども、ウクライナ問題にすごく深く関与しているんです。それで米国が〝お尋ね者〟にして、制裁対象にしている。渡航制限者名簿に載せていて、米国に入国できないんです。ＥＵでも、ほとんどの国が入国を認めていません。

ところが日本は、ナルイシキンは元大統領府長官でもあるし、日ロ関係の要にある人物だからということで、制裁対象から外しているんです。そして訪日した。日本に入国させただけでも、米国は面白くない。

外務省は総理とは会わせないつもりだった。ところが20日夜に森喜朗元首相と鈴木宗男さんがナルイシキンと食事をした時に、プーチン大統領からの口頭メッセージがあるという話が伝えられた。それで、「安倍首相と会えないのであれば、メッセージはモスクワに持ち帰る」とナルイシキンは言う。

これは大変だということで、森さんが安倍さんに電話をすると、安倍さんは、「私はナルイシキンさんと会いたいと思っていたが外務省が反対した」なんて言い出した。

その晩、外務省は大変だったようです。齋木昭隆事務次官は慎重論で、

「これは対米関係も含めたことで、慎重に対応した方がいい。入国しているだけでも、米国との関係でぎりぎりです」と。ところが、ナンバー2の杉山晋輔外務審議官（政務担当）が「官邸がそこまで言っているのであれば、これはもう政治マターだから、われわれはやれるだけのことをやりましょう」、こういう感じになった。

この杉山さんという人は、この話を聞くと日ロ関係に熱心そうでしょう。森さんも「杉山はなかなかフットワークがいい」とか言ってるんですね。鈴木宗男さんも、「杉山は心を入れ替えたようだぞ」と言うんです。どういうことかというと、私や鈴木宗男さんが獄に落ちた時は、むしろ杉山さんは「日ロ関係なんてやらないほうがいい」と言って、中心になって旗を振っていた人です。でも、それが変わったのは、私から見れば簡単なんです。彼が国益のためにやっているということだったら、私はあんまり信用しません。しかし杉山さんの動機は自らの出世なので、この人は本気で仕事をすると思います。官邸の意向を満たすことを何でもやれば、それが外務事務次官になるための一番近道です。ここで杉山さんが頑張るのは非常に杉山さんらしいなという感じがしたんです。

ラッセル米国務次官補の異例な発言

それで会談が成立しました。そうしたら米国が――これは滅多にないことですが――、会談が終わってから数時間後に、ラッセル国務次官補（東アジア太平洋担当で日本担当の最高責任者）がワシントンの記者会見で、「安倍晋三首相はロシアのプーチン大統領訪日の可能性を探っているんですか」という質問に対して、「現在の状況では、ロシアと通常の関係を持たないとする原則を日本が守ると信じている」と言ったんです。

これはどういうことか。「通常の関係を持たない」というのは、「ナルイシキンみたいな人間と会わないと米国は確信している」、こういうことなんです。

記者たちがさらに質問するわけですね。「12日にケリー米国務長官がロシア南部のソチに行って、プーチンと会いました。米国もロシアとの対話を始めて、関係改善を模索しているのですか」と。そうしたら、「それは違う。ウクライナでの停戦合意をきちんとやれと、ロシアに文句を

◎ダニエル・ラッセル米国務次官補（東アジア・太平洋担当）（米・ワシントン）（写真／Photoshot／時事通信フォト）

つけに行ったんだ。意思決定できる相手と話さないといけないということで、2国間関係を持つということとは全く違う。米国がロシアとの対話を模索しているなんて誤解しないでくれ」、こんな言い方なんです。日本に対して、「ケンカしましょうか」って話なんですよね。

これに対して5月22日の記者会見でわが日本の菅義偉官房長官が「日ロ関係については、（日本とロシアは）隣国です。政治対話を継続して、わが国の国益に資するように進めていきます」と、こう言っているわけです。これはどういうことか――。「米国は対話するなと言うけど、うちは対話していくよ」、これも「売られたケンカは買いますよ」と言っているわけです。

ですから、**突如、日米間でこんなケンカ状態のようになってしまったんですが、これは結構尾を引きますよ**。

例えば尾を引くとどういうことになるか。5月27日に翁長雄志・沖縄県知事がワシントン入りしました。翁長さんと会う米国人の数が増えました。これは「安倍政権が言っていることがどこまで信用できるのか、これは直接関係者に聞いてみないといけない。彼らが何を考えているか分からない」、こういう形で現れたのです。

ロシアに見透かされる「深層心理」

　それで、５月20日の翌日、昼前に突然私の携帯電話が鳴りました。今度は、知り合いのロシア人からです。「友だちと３人で東京に滞在している。これから銀座に出てこないか」と。

　それで出ていって「何しに来たんだ、あんたら」と言ったら、「いや、ナルイシキンが来てるから、ボランティアでサポートをやってるんだけど」。ああ、森さんとの会見をセッティングしたのはこの人たちなんだなと分かった。指定された炉端焼き屋に行くと、クレムリンの関係者と外務省に対してよく顔がきく人、それからロシア大使館の幹部も座っているわけです。

　それで、私にいろいろと文句をつけるわけですよ。「おまえ、最近ロシアにきついことばかり書いてるな。プーチンが年内に訪日すべきでないとか。いろいろ言ってるけれど、この先、プーチンに賭ける以外に北方領土問題解決の可能性はないぜ」。それから、「プーチンにはこう言ったら腹に入るよ。日本にとって領土が大事だと強調すればいい。『ロシアにとってクリミアが大切なように、日本にとっては北方四島は固有の領土だから死活的に大切なんだ』と」。

ロシア側が聞いてきたのは、率直なところで、「佐藤、お前の見立てを聞きたい。安倍政権の本質は何だ」。

彼らの考えでは、安倍総理がこだわる「戦後レジームからの脱却」❶は、言葉通りにとるならば、戦前の日本と戦後の日本の連続性を強調するということです。米国側から見て、ナチス・ドイツ第三帝国とドイツ連邦共和国は全然別の国で、同様に日本に関しても、米国と戦った大日本帝国と現在の日本国は別の国だという建前になっているけれども、「戦後レジームからの脱却」というのは戦前・戦後の連続性を実は言っているのであって、いかに糊塗しても、それが事実です。

安倍首相は米国に行って議会演説❷をしました。ロシアの連中は、「あの時、おまえらどうせ、広告代理店を上手に使ったんだろう。あんまり日本のことを分からない米国の国会議員に対して、米国の国会議員が喜びそうなワーディングはこれだ。その代わり、謝罪はするなとか慰安婦については踏み込むなとか、オーダーをさんざんつけて、うまい原稿をつくらせて、それでやったわけだろう」と言うわけです。ロシア人はその

---

❶ **戦後レジームからの脱却**
2006年9月の自民党総裁選出馬の際、安倍晋三氏は「戦後レジームからの新たな船出」として、①新たな憲法制定に取り組む、②国連安保理常任理事国入りを目指すことを掲げた。同年9月の所信表明演説でより主張を鮮明にし、日米同盟の強化、日本版NSCの創設などにも触れた。

❷ **安倍首相の米議会演説**
2015年4月29日、安倍首相が初めて米議会上下両院合同会議で日本の首相として演説した。09年発足のオバマ政権下では首相が11人目（延べ人数、以下同）の外国首脳で、戦後の19

あたりを見抜くのがすごくうまいんですよね。

「それはそれでいい。ただ、安倍の本当のサインは何なのか。今回のドタバタ劇をわれわれは見ている。日本外務省がナルイシキンとの会談について『待った』を決めていた。そこで、こちらが森元首相に働き掛けるのは織り込み済みのはずだ。そして一晩でひっくり返る。米国が反発する。そこで米国が数時間後に反発の声明を出したのは、日本政府からの詳しい説明を待っていたら間に合わないからだ。ということは、報道だけを見て反応しているということになる。これは普通、同盟国ではやらない。ということは、今回、安倍はナルイシキンとの会談で、ロシアとの関係を改善すると言ったけれども、これは『戦後レジームからの脱却』で、対米自立外交で、意外と本物なんじゃないか」。こう言うわけです。

ロシア人はこういう心理分析も非常にうまいんですよ。

確かにこれは突然起きたことだけれども、**無意識の領域においては「米国の言われるままにはならない」という安倍さんの思いがここに出ていた**と思う。だから外務省はロシアに対してピリピリしている。そこで逆に、ちょっと行き過ぎてしまったから、今度は米国と歩調を合わせ

45年以降では113人が演説した。合同会議は米大統領が年に一度、施政方針を示す一般教書演説を披露する舞台としても知られる。安倍首相の演説では、先の大戦への反省とTPPへの取り組み、米国のリバランス政策への支持、安保法制の充実、女性の人権などに触れた。

るために、ウクライナに乗り込んでいって、ウクライナの現政権を支援しよう、こういう経緯だったと思うんですね。

これをロシア側がどう受けとめるかです。日本は高等戦術を用いて、米国との間で上手にバランスをとりながら対ロ関係を進めようとしていると見るのか。それとも、場当たり的に、大きな戦略はなく、気分で動いていると見るのか。

官邸と外務省の関係

気をつけないといけないのは、官邸は相当強い姿勢を持っていることで、官邸が「やる」と言った場合に、外務省内は割れることがあるでしょう。今後、どの外交でも全部そうなる。

安保法制化をめぐる議論で外務省はすごく勝利感が強いんですよ。防衛省は「これで大丈夫かなあ。ガラス細工みたいで」と、こう思っている。

2014年の集団的自衛権に関する閣議決定、あれは公明党主導です。今回のは外務省流の面白いやり方なんです。

米国議会での安倍総理演説の２日前の４月27日に、ニューヨークで外務・防衛担当相の会合（２+２閣僚会合）がありました。それで防衛協力のための指針（日米ガイドライン）の改定を決めた。

その中にある、「アジア太平洋地域及びこれを越えた地域」という文言はどういうことを意味するのでしょうか。例えば、「宮城県及びこれを越えた都道府県」といった場合はどういうことになりますか？　日本全部ということでしょう。「アジア太平洋地域及びこれを越えた地域」というのはどういうことかといったら、地球全部ということになります。つまり、地球の裏まで行けるということになります。

では、安保条約の第６条[3]を読んでみましょう。「極東」という〝しばり〟がかかっていますよね。地理的概念ではなくても、〝しばり〟は〝しばり〟です。これを今まで、だましだまし「アジア太平洋地域」にしてきたけれども、これが「地球全部」ということになったら、これは相当大変な変化ですよ。

---

[3] **日米安保条約第６条**
日本国の安全に寄与し、並びに極東における国際の平和及び安全の維持に寄与するため、アメリカ合衆国は、その陸軍、空軍及び海軍が日本国において施設及び区域を使用することを許される。（後略）

「ホテルニューオータニ方式」

そのことについて、外交・安全保障問題に通暁していて安倍首相とも非常に近い人と会って話をしたんです。その人は「これは東京のホテルニューオータニ方式だ」と言うんですね。

「ニューオータニの本館に四谷・麹町方面から入るだろう。ロビー階の2階だ。その廊下を歩いて、ガーデンラウンジという喫茶コーナーを右に見ながら通ってタワー館に行く。そうしたらそこはタワー館の6階とつながっている。それと同じだ。すなわち、途中までは安保条約なんだけれども、途中から集団的自衛権になるんだ。それで切れ目なく廊下はつながっている」

「大丈夫ですか、そんなやり方して」

「うん、大丈夫。とにかくこれで外務省的には説明がつく」。こういう話なんですね。

要するに、**いつの間にか、安保条約から集団的自衛権に玉虫色に変わっちゃうんですよ**。だから国会でも答弁はできます。

ホルムズ海峡のことでも、全然、国際社会でニュースにならないんですよ。だって、どこかの国が「フィリピンと日本が海戦を行った場合に、どう対処したらいいか」という議論をしても、誰も関心持たないでしょう。そんなことは現実的にあり得ないから。こういうことを国会で議論して、エネルギーのほとんどを使ってしまっているわけです。しかし、なぜか安倍首相にこだわりのある問題だからこんなことになってしまう。

このあたりの安保議論を見ていると、公明党がすごく理詰めです。それに対して情緒論で自民党は対応しているという〝ねじれ〟があります。いずれにせよ、訳が分からない混乱状態で、これで本当に有事の時に大丈夫かなと心配になります。

ただ、この状況は日本の政治全体の中にある反知性主義的な流れを反映したものだと思うんですね。

反知性主義

❹反知性主義というのは、大学を出ていないから反知性主義になるとか、高等教育を受けていれば反知性主義にならないということではありませ

❹ 反知性主義を考える際の必読書

佐藤優『知性とは何か』（祥伝社新書、2015年6月）

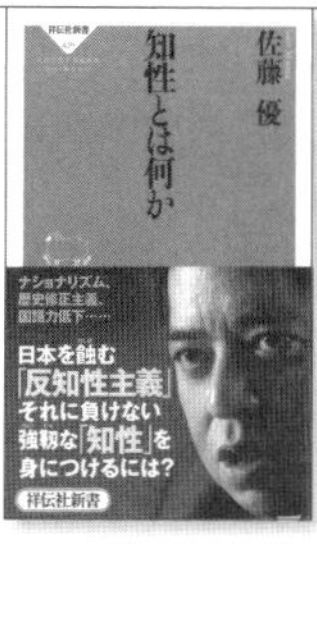

リチャード・ホーフスタッター著　田村哲夫訳『アメリカの反知性主義』（みすず書房、2003年12月）

ん。

客観性や実証性を軽視もしくは無視して、自分が欲するように世界を理解するという態度のことです。これが反知性主義で、世界的に蔓延《まんえん》しています。フランスの「サルコジ現象」なんて、まさにそうでした。日本の「橋下現象」もそうです。橋下徹・大阪市長は弁護士としては優秀なのかもしれませんが、彼自身がやっていることは反知性主義そのものです。

反知性主義は、もともとは米国から生まれたもので、民主主義を担保する意味を持つ言葉だったんです。

18世紀、米国のハーバード大学の神学部は米国ではすごく高い地位を占めていました。そこの出身者だけが、ひどく威張り散らしていた。「おまえら、何も知らないのか」と。政治というのは知識量であるとか情報量であるとか、教育を受けたかどうかではなくて、米国のために一生懸命やるという誠意があればいい、「反知性」というかたちで民主主義を担保しないと、高等教育を受けた人、専門知識を持っている人だけが権力を握ることになって、民主主義が実現できない。そもそも、こういうところから出てきた肯定的な意味合いの言葉だったんです。

ロシアでも、19世紀の終わりから20世紀の初めぐらいに、反知性主義運動がありました。軍隊や官僚の幹部たちが優秀でも、その連中は国民のことを考えていない。だから日露戦争に負けた。高度な専門知識がある人間以外をもっと政治の世界で登用して、他の国に出し、国会もきちんと開かれたものにすべきではないか。レフ・シェストフとかセルゲイ・ブルガーコフとか、ロシアの一級の知識人たちが「反知性主義的な方向を志向するべきではないか」と言ったら、そこに乗っかって出てきたのがレーニン、スターリン、こういった人たちなんですね。そして、反知性主義を体現したソビエト連邦のようなものができてしまった。

国民の無力感と無関心

考えてみると、今、国民の政治に対する関心は非常に薄れている。ありとあらゆる潜在力を使い果たしてしまったわけです。官僚に対する信頼感も、旧来型の自民党のエリートに対する信頼感もない。あるいは松下政経塾から来たような新しいタイプの政治エリート、これも民主党政権で頼りないことが分かった。

こういったことが続いて、**もう旧来型の政治はどうでもいい。何かわれわれの気分をよくしてくれないかということで、情緒で動くようになっている。こういう時期にぴたっと安倍政権がはまっている**わけです。

ただ、国際社会は冷徹に見ていますから、今起きているような外交をめぐる迷走は、日本の外交にとって非常によくないと思います。ロシアとの高度な駆け引き型の外交ができるような状況に、今の日本はありません。

私は外交官時代、どちらかと言うと、ロシアとの関係を進めていこうという方向の人間と見られていました。「北方領土問題は段階的に問題を解決していこう。四島即時一括は無理だ。法的な基盤も違う。だから、1956年の日ソ共同宣言でソ連が平和条約締結後に日本への引き渡しを約束した歯舞群島、色丹島がすぐに帰ってくる可能性があるんだったら、そこから着手したらいい」という、そういったシナリオも考えていたんです。それが柔軟だ、軟弱だといって排除されていったわけですが、その私から見ても、ロシアに対して過剰な譲歩をしてつまらない外交ゲームをするような状況ではないと思う。やっぱり日米同盟が基盤で、日本と米国との基本的な信頼関係を毀損《きそん》するようなことはするべきではないと思う。

今回、ラッセル米国務次官補がわずか数時間後に声明を出したことで、「日米同盟はそれほど盤石ではない」ということが国際社会に対して可視化されてしまったことが怖いと思うんです。

それから「米国が強い国だ」ということを誤解してはいけない。米国以外の全世界の国が同盟国となってワシントン攻略計画を立てても、ワシントンを占領することは絶対にできません。それぐらい、米国の軍事力は圧倒的に強い。しかし、その米国でも、アフガニスタンやイラク、そういった中央アジアの国一つ、中東の国一つさえ平定できない、これも事実なんです。

つまり、世界は多極化に向かっていることは間違いない。その中でわれわれは、分かるものしか理解しようとしない。反知性主義的に、分からないことがあると、「あれはイスラムだからしょうがない」とか、「あれはロシアだからよく分からない」、それで適当に納得してしまう。こういう姿勢をとっていて、重要なことを見落としてしまっているわけです。

安倍外交の行方、２０２０年の日本

この先の安倍政権の行方、外交がどうなるのか、分かっている人はいないと思います。

ただ、私は政権の動向を見る上で、公明党を重視しています。今、自民党の1年生・2年生議員は自分の後援会を作っていません。民主党もそうです。民主党は連合に依存して、自民党は創価学会に頼っている。

それで、先日の自民党文化芸術懇話会の問題❺でもそうですが、物事の考え方が保守というよりも、機会主義的でかつ道具主義的なんです。例えば、芸術を政策に使うことができるなんていうのは、スターリンの考え方です。芸術というのは、そう簡単に動かせるものではない。そういう中で、今の自民党を実際に勝たせているのは、公明党の支持団体である創価学会の力が非常に強い。

そうすると、公明党と合意したことの重さを、自民党がどれくらい分かっているかということなんです。ですから**今後、安倍政権がどうなるかは、今の連立政権の構造がどうなっていくかと密接につながります。**

---

❺ **自民党文化芸術懇話会**

自民党の有志議員でつくる「文化芸術懇話会」（代表・木原稔党青年局長）が2015年6月25日、党本部で初会合を開いた。メンバーは安倍晋三首相（党総裁）を支持する中堅・若手で、同日は首相とも親しい作家の百田尚樹氏が講演した。その中で「報道規制」を求める声が上がったとして党内外から26日、懸念や批判が相次いだ。その後、木原稔氏は「役職停止1年間」の処分を受けた。

あともう一つは、株価と支持率を連動させすぎました。今、株価が極端に下がっていないわけですが、毎日新聞に続いて朝日新聞でも支持率と不支持率の逆転現象が起きています（2015年8月現在）❻。このあたりに、政権がどう対応していくのか、それに対して世論がどう反応するのか、不確定な要素が多すぎるんです。

ですから、2020年までにどうなっているかという予測はなかなか難しいですね。

ただ、私が一つ心配しているのは、教育です。日本の教育が急速に新自由主義化している。

今、大学改革という形で、国立大学は、東大とか京大などの一部の国立大学を除いて人文社会系の学部・大学院をなくしていくという話が出ています。ということは、大学は事実上の専門学校になるということです。専門学校に転換していくことで、即戦力として使える人を作りたい。こういう発想です。

それと同時に、大都市圏にある私立大学の学費が上がってくるでしょうね。今、早稲田や慶応あたりでも、年間150万円くらいです。これが、5年後には300万になってもおかしくないと思います。それで、

---

❻ **安倍政権の支持率**

時事世論調査（2015年8月）「支持する」が39・7％、「支持しない」が40・9％、「分からない」が19・3％だった。内閣支持率が40％を割り込み、初めて不支持が支持を上回った。

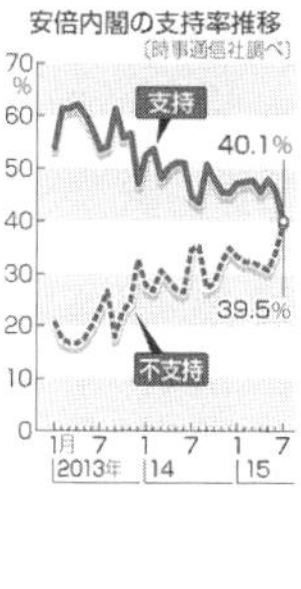

これによって、今まで日本で起きていなかった「教育の右肩下がり」が起きるのです。

経済では、これまでいろいろな右肩下がりがありました。しかし、教育に関しては、一貫して、われわれは父母よりも高い水準の教育を受けてきたし、父母は祖父祖母よりも高い水準の教育を受けてきた。明治以降、教育についてはずっと右肩上がりだったのですが、今後は経済的な要因によって教育を受けることがだいぶん制限されてくることになります。

その場合、お父さんお母さん自身が高等教育を受けていないと、高等教育の世界がどういうものか分からないから、子どもに適切なアドバイスができなくなります。そうすると、子どもの持つ夢が小さくなってくる。それで萎縮してしまうことを私は心配しています。

英国は、若干そういったところがある。階級社会がやはり残っていますから。ドイツもそうです。日本の良さというのは、親の経済的な状況に関わりなく、教育は基本的に機会均等で、自分の能力を発揮させることができるという点だったのですが、この基本構造が急速に崩れようとしていて、それこそ、2020年東京オリンピックの頃までには下手をすればかなり崩れてしまうかもしれません。現世代の子どもや孫の世代では、日本の誇るべき教育水準の高さが衰える可能性があることを心配しています。

【著者紹介】

佐藤 優（さとう・まさる）

作家、元外務省主任分析官。

1960年東京都生まれ。埼玉県大宮市（当時）で高校卒業まで育つ。県立浦和高校卒業後、同志社大学神学部に進学。同大学院神学研究科修了。在学中は組織神学、無神論について学び、特にチェコの神学者、ヨセフ・ルクル・フロマートカに興味を持つ。85年外務省に入省。研修言語はロシア語。86年ロンドン郊外ベーコンズフィールドの英国陸軍語学学校（Defence School of Languages）で英語やロシア語を学んだ後、87年8月末にモスクワ国立大学言語学部に留学。在英国日本国大使館、在ロシア連邦日本国大使館に勤務した後、本省国際情報局分析第一課主任分析官（課長補佐級）として対ロシア外交の最前線で活躍。橋本―エリツィンのクラスノヤルスク会談（合意）に基づき、2000年まで日ロの領土問題の解決と平和条約締結に向けての業務に当たる。また、外交官としての勤務のかたわら、モスクワ国立大学哲学部に新設された宗教史宗教哲学科の講師（弁証法神学）や東京大学教養学部非常勤講師（ユーラシア地域変動論）も務めた。91年ごろから鈴木宗男氏と通訳や車の手配などのロジスティックス業務で関係を持つようになり、その後、「外務省のラスプーチン」と呼ばれる。

02年5月、鈴木宗男事件に絡む疑惑をうけて、背任と偽計業務妨害容疑で東京地検特捜部に逮捕、起訴され東京拘置所で512日間拘留。05年に執行猶予付き有罪判決。09年6月に最高裁で上告棄却、執行猶予付き有罪確定（懲役2年6カ月、執行猶予4年）で外務省を失職。13年6月に執行猶予期間を満了し、刑の言い渡しが効力を失った。

05年に発表した『国家の罠 外務省のラスプーチンと呼ばれて』（新潮社）で第59回毎日出版文化賞特別賞受賞。06年『自壊する帝国』（新潮社）で第5回新潮ドキュメント賞、第38回大宅壮一ノンフィクション賞受賞。毎週のように新刊が刊行されており、連載は月に70〜80本抱え、毎月の執筆枚数は400字詰め原稿用紙で1200枚を超える。その他、ラジオ出演、講演活動も行う。

佐藤優《さとうまさる》の「地政学《ちせいがく》リスク講座《こうざ》2016」
日本《にほん》でテロが起《お》きる日《ひ》

2015年12月7日　初版発行
2016年1月4日　第3刷発行

著　者：佐藤 優
発行者：松永 努
発行所：株式会社時事通信出版局
発　売：株式会社時事通信社
〒104-8178　東京都中央区銀座 5-15-8
電話03（5565）2155　http://book.jiji.com

印刷／製本　株式会社太平印刷社

ISBN978-4-7887-1443-4　C0031　　Printed in Japan